상주 예술 문화의 전당

한국예총상주지회 임원

지 회 장 정운석
부지회장 박정우 정수정 오영일
감　 사 박수현 송옥경
사무국장 민경호

한국문인협회상주지부
지 부 장 박정우　부지부장 이승진 신동한 이미령
사무국장 김동수

한국미술협회상주지부
지 부 장 윤대영　부지부장 정상득 고창호
사무국장 김명희

한국음악협회상주지부
지 부 장 문종원　부지부장 이성원 황윤자
사무국장 정동시

한국국악협회상주지부
지 부 장 송옥경　부지부장 박중섭 류승돌
사무국장 김지연

한국연극협회상주지부
지 부 장 오영일　부지부장 윤현주 임창용
사무국장 오옥주

한국사진작가협회상주지부
지 부 장 이유창　부지부장 김현주
사무국장 김영훈

한국무용협회상주지부
지 부 장 정수정　부지부장 이창선
사무국장 정원희

2012 〈상주문학〉 제24집 출판기념회 못 다한 이야기

박정우 지부장님의 말씀

시낭송 모습

고 박정구 선생님 추모의 시간

〈상주문학〉 제24집 출판기념 및 시낭송회

2013 상주문협 문학의 현장

벚꽃 시화전의 개막을 알리는 커팅식

벚꽃과 어우러진 시화

봄향기 가득 시향기 가득한 길

벚꽃 시화전을 축하하기 위해 모인 내빈과 회원

성백영 상주시장의 인사

안영익 교육장의 인사

시낭송 중인 김차순 시낭송회 회장

시낭송 중인 임술랑 시인

상주예술제 제18회 시낭송대회 수상자

정기룡장군 탄신제 한글 백일장 접수 중

백일장 접수처

백일장 심사 중

정명도 교수의 문학강연

조재학 시인의 문학강연

권갑하 시조시인의 문학강연

강연 듣는 간사

낙강시제 시낭송 및 시퍼포먼스

낙강시제 7080콘서트를 보는 회원들

낙강범월시회 재현

제3회 환경사랑 학생백일장 개회식

백일장을 빛내주신 내빈

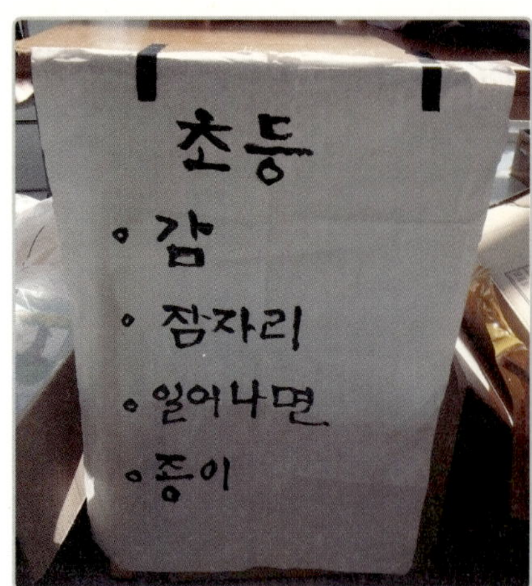

초등학교 제목

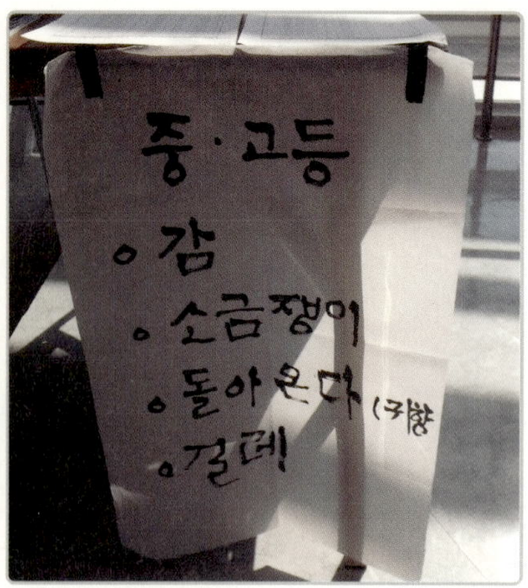

중·고등학교 제목

연잎 가득한 중덕지를 바라보며 글을 쓰는 아이들

앉아서도 열심히

제3회 어린이동화구연대회

동화구연대회 시상식

동시 및 동화 이어쓰기 시상식

환경사랑백일장 시상식을 축하해주시는 안영익 교육장

한국문인협회 상주지부장상 수상

장려와 입상 수상자

상주교육장상인 금상을 받은 학생들

尙州文學

2013 제25집

동시

수필

특집 Ⅱ. 백일장 우수 입상작

특집 Ⅲ. 낙강시제 시선집 중 강과 물의 시

특집 Ⅳ. 낙강시제 문학 강연

낙강시회는 1196년(고려 명종26년) 최충헌의 난을 피해 상주에 우거했던 백운(白雲) 이규보(李奎報, 1168~1241)의 시회로부터 1491년(성종22년)의 상주목사 강구손, 의성군수 유호인 등의 시회를 거쳐 1862년(철종13년) 계당(溪當) 류주목(柳疇睦, 1813~1872)에 이르기까지 666년 동안 총 51회에 걸쳐 이루어진 역사적인 시회입니다.

역대 51회의 시회를 2002년부터 잇고 있는 '낙강시제'는 올해로 제63회를 맞이하고 있습니다. 〈상주문학〉은 선배 문인들의 '자연과 인간과 시 사랑의 호방한 문학정신'을 받들고 섬기며 그만큼의 책임감으로 지금 여기, '사람을 만드는 문학, 세상을 살리는 문학'을 실현하고자 합니다.

제63회 洛江詩祭 시선집

2013 낙동강

『2013 낙동강』 시인들

강인순 구재기 권숙월 권오휘 권형하 김기옥 김동수 김동억 김만수 김미양 김미연 김민주 김소영 김수화 김숙자 김시내 김시종 김연복 김영숙 김영애 김유신 김이숙 김인숙 김재수 김제남 김종섭 김종인 김주애 김주완 김지웅 김차순 김춘자 김학천 김희수 나동훈 나호열 목영해 문인선 문인수 민경탁 민병덕 박규해 박근칠 박두순 박순덕 박승도 박이우 박정구 박정남 박정우 박찬선 박해자 백영희 백종성 서경온 서경원 서병진 서정부 성춘복 송영미 신구자 신대원 신동한 신순말 양채영 양해극 오만환 위초하 유언경 유재호 윤순열 윤임수 윤진수 윤철순 윤현순 이덕희 이문걸 이미령 이상훈 이숙자 이순영 이승진 이승하 이영춘 이은주 이종암 이창한 이해웅 임성호 임술랑 장영희 장운기 장원달 장효식 전선구 정만자 정 숙 정혜국 조계순 조규옥 조영일 조재학 조정숙 조정인 조평진 차옥혜 차주성 차진환 채만희 최상호 최성익 최정인 최지현 최홍걸 하수현 황구하 황봉학 황정철

한국문인협회상주지부 • 청어

디지털 시대의 문학

박정우
한국문인협회상주지부장

손에 쥔 스마트폰만으로도 세상과 쉽게 통할 수 있고 아이폰, 컴퓨터 등과 인터넷의 보급으로 독자들은 아주 쉽게 작가들의 작품을 접할 수 있습니다. 지난날은 작가의 작품을 독자들이 서점에 직접 가서 책을 사 읽던 일방향식 시대라면, 오늘날은 짧은 시간에 작가와 독자가 서로 소통하는 양방향식 방법으로, 우리는 지금 디지털의 혜택을 누리고 사는 시대가 되었습니다.

그러나 최근 발표된 자료를 살펴보면 분명 디지털은 문제가 많습니다. 디지털 기기의 지나친 의존으로 기억력과 판단력을 잃어가고, 생각을 후퇴시키며 똑똑한 기기들이 두뇌활동을 대신해줘 우리 두뇌는 점점 둔해지고 있다고 합니다. 실제 한 설문조사에서 3명 중 1명이 부모나 형제의 전화번호를 기억하지 못하거나 어제 먹은 식사 메뉴가 바로 기억나지 않는다가 30%를 넘었다고 합니다.

이처럼 디지털 기기에 의존하면서 건망증이 심해지는 등 기억력이 현저하게 감퇴하는 이른바 '디지털 치매'가 늘어나고 있다는 증거입니다. 두뇌를 써서 생각하지 않아 나타난 현상입니다. 미국 컬럼비아대학교 벳시 스패로 박사는 '인터넷이 발달하면서 정보가 뇌에 저장되는 것이 아니라 인터넷상에 저장되고, 사람들이 이에 의존하면서 기억력이 점차 저하되고 있다'고 말함으로써 생각으로부터 멀어지는 현대인의 모습에 경종을 울리기도 했습니다.

또한 요즘 사람들은 책을 잘 안 읽습니다. 예전에는 서울의 지하철을 타면 책을 읽는 사람들이 많았는데, 요즈음은 열에 아홉은 스마트폰을 들여다보는 것이 일상적인 풍경이 되었습니다. 올 추석 같은 명절에는 온 가족이 서로 만나 즐겁게 대화하는 모습은 간 데 없고 가족 모두가 스마트폰을 만지작거리느라 가족 간에 대화가 단절되었다는 보도를 보았습니다.

지난 무더운 여름날 시내 커피전문점을 찾았는데, 젊은 부부가 문을 열고 다정하게 들어서는 처음 모습과는 달리 한 시간 남짓 내내 찻잔을 앞에 놓고서도 도대체 말 한 마디 나누질 않았습니다. 사람이 기계의 노예가 되어 잠시라도 자신의 몸에서 멀리 떨어져 있으면 불안 증세까지 느끼는 오늘날의 '스마트폰의 두뇌 습격'은 일상적인 일이 되었고 전자매체는 자극적인 영상, 수동적인 쾌락, 즉각적인 피드백을 제공하므로 그에 익숙한 사람이 책에 관심을 갖지 않는 것은 당연한 것인지도 모릅니다.

앞으로 3년 정도만 지나면 학교에도 전자교과서가 등장합니다. 아날로그 시대의 활자문화 향수를 가진 문인들은 생경하고 거부하고 싶은 매체이기도 합니다. 이른 아침마다 배달되던 조간신문의 잉크 냄새, 잉크물이 흐르는 만년필로 원고지를 메우던 그 시대는 무덤으로 돌아갈 때까지 그 향기를 지우지 못할 것입니다.

그러나 지금은 다양한 정보가 철철 넘치는 시대로 누가 어디서 어떻게 새로운 정보를 얻느냐가 중요한 시대가 되었습니다. 전자교과서를 활용한 수업은 '다양한 자료'에 멀티미디어 자료와 학습 모듈이 있는 전자교과서 콘텐츠, 여러 가지 기능을 제공하는 플랫폼, 실시간 인터넷 자료, 다양한 앱의 활용 수업으로 효과적이며 흥미롭게 학습 활동을 전개하여 학습목표에 쉽게 도달할 것입니다.

문제는 오늘날을 살아가는 남녀노소가 베스트셀러나 다양한 종류의 책을 읽는 것은 차치하고라도 일반적으로 문학서적을 찾아 읽는 사람이 과연 얼마나 되겠습니까? 문학을 좋아하고 문학에 심취하고 문학에 뜻을 둔 사람은 예외가 되겠지만, 디지털 시대의 문학은 외롭고, 단조롭고, 어렵고, 지겹고, 난해하고, 귀찮고 해서 등을 돌려버리는 대상이 아닐까 두려움마저 듭니다. 나아가 우리나라 각종 문학단체의 모임에 가끔 참여해 보면 칠팔십 퍼센트 이상은 고령에 가깝고, 디지털에 익숙한 젊은이들이 문학 활동은 하지만 문학단체에 가입하여 활동하기는 싫다고들 합니다.

이러한 디지털 시대의 문학은 문화의 대세이므로 우리 문인들도 거기에 맞추어 변화를 하지 않으면 안 될 것 같습니다. 무엇보다 앞서 밝힌 바와 같이 디지털 매체와 문학이 양방향식으로 가야 하겠습니다. 생산자와 소비자, 즉 작가와 독자가 디지털을 공유하고 디지털을 매개로 의사를 소통하며 거래를 형성하여야 할 것입니다.

디지털기기만 있으면 수많은 정보를 순식간에 얻을 수도 있고 즐길 수도 있으며, 필요한 물품을 빠르고 값싸게 구입하고 판매할 수도 있습니다. 이처럼 작가가 자기의 작품을 독자들에게 쉽게 홍보하고, 독자가 작가에 대해 쉽게 접근 할 수 있습니다.

또 문학은 독자를 위하여 존재해야 한다는 명제를 생각한다면 우리 문인들은 독자들이 필요로 하는 정보를 제공해야 합니다. 다시 말해 작품을 어떠한 방식으로 창작하고, 어떠한 그릇에 담고, 어떤 틀로 전달하느냐 하는 것이 문학인의 과제이고 걸어야 할 좌표인 것입니다. 독자들에게 용기와 희망과 기쁨을 듬뿍 주는, 디지털 세대가 요구하는 간결하고 매끈하며 현실적인 감각 익히기에 노력할 필요가 있습니다.

미국의 미래학자 앨빈 토플러는 인류사회의 진화 중 제4의 물결을 우주화시대로 분류했습니다. 현재는 제3의 물결인 정보화시대이지만 우주화시대로 가고 있다고 했습니다. 시대 급변은 문화의 급변이고 문화의 급변은 문학의 급변이며, 문인들의 의식 전환이 필요한 때입니다. 시와 소설이 넘나들고 수필과 영상이 넘나들고 소설과 음악이 넘나드는 시대에 우리 문인들은 현실에 얽매이지 말고 시공간을 자유롭게 넘나들면서 독자들과 교감하여 독자들과 함께 가야 합니다. 이것이 문학의 미래를 여는 길입니다.

尙州文學

추모 특집
박정구 시인

박정구
바람이 가는 길 외 10편

김재수
자연(自然)에 대한 서정(抒情)과 따스한 인간관계(人間關係)의 회복(回復)
– 고 박정구 동시인의 작품 세계

김연복
「내 의자」를 영역(英譯) 하며

이창한
그래서 그립습니다

박정구 시인이 2012년 12월 1일에 타계하셨다. 1978년 상주아동문학회 회원, 1990년 상주문인협회 회원으로 활동하면서 상주문협의 발전에 커다란 족적을 남겼다.

시인은 그동안 많은 동시를 쓰면서 자연에서 뽑아낸 서정의 실타래를 따스한 감동으로 다시 직조한 동시인이었다.

너무도 갑작스러운 타계에 우리 모두 안타까워하며 박 시인의 작품과 작품세계를 마련하여 추모의 특집을 마련했다. 삼가 고인의 명복을 빈다.

동시인 박정구

1948년 1월 4일, 경북 상주시 남성동 출생. 냉림동 222-8
상주중앙초등학교를 졸업하고 상주중학교, 상주고등학교, 대구교육대학을 졸업
1968년부터 초등학교 교사로 재직, 2008년에 40년의 교직생활을 명예퇴직
1992년 상주글짓기회장 역임
1995년 4월부터 2004년 2월까지 9년간 한국문협 상주지부 사무국장 역임
2004년 5월, 제179회 아동문예 문학상 수상으로 등단
2007년부터 2012년까지 5년간 상주아동문학회 사무국장 역임

문집 『햇살』 발간
금옥장학회 〈아침자습 자료집〉 발간
『생동감 넘치는 학교 경영』, 『학습장 정리와 판서』, 『독서 오름길』, 『내 고장 상주』 집필위원
수필집 『항아리』 외 다수 출간
동시집 『이슬, 샘물, 햇살 같은 아이들』 출판을 기획 중이었음

2012년 12월 1일 작고

바람이 가는 길 외 10편

박정구

바람이 가는 길은 따로 있나 봐
골목 지나 지붕 위 안테나 길
큰 나무 지나
솔 숲 사이 골짜기

눈 오는 날 창밖을 보면
눈을 데리고 오는 바람이 보이고
비 오는 날 창밖을 보면
비를 데리고 가는 바람이 보이죠
눈도 바람의 길을 알고
그 길 따라오고
비도 바람의 길을 알고
그 길 따라 가고

바람의 길에 내가 서면
어디로 데려갈까
바람 따라간 길 끝엔
무엇이 있을까

가고픈 마음만 살짝 떼어
바람의 길에 놓아 둬 봐요

– 2010년 12월 상주아동문학회

우산골

별이 한 줌은 더 쏟아지고
햇살이 한 움큼은 더 내리는
동네
우산골에

슬픔도 조금씩 나누어 갖는
눈물도 조금씩 나누어 갖는

꽃물 든 사람들이
살고 있단다
논벌에 마음을 뿌리며
살고 있단다

함박눈이 한나절은 더 쏟아지고
보슬비가 한줄기는 더 내리는
우산골에

웃음을 조금씩 나누어 주는
기쁨을 조금씩 나누어 주는

풀빛에 생각을 씻은 사람들이
살고 있단다
우산골에 꿈을 가꾸며
살고 있단다

– 1990년 〈상주문학〉 제3집

저녁노을

비단처럼 사르르
서쪽 하늘에
노을이 떴다

남산 마을이
금빛 너울을 쓰고

산과 들은
연보라
물속에 잠긴 듯 조용한데

돌담 옆 감나무 가지
검푸른 잎 사이로

또 하나
바알간
감이 익는다

주홍빛
노을을 먹고 익는다

– 1999년 〈상주문학〉 제11집

5월

찔레꽃은 하얗게 피는데
골짜기엔
초록빛 구름이 인다

큰 나무와 작은 나무들이
서로 손잡아
더 울창한 수풀

흥겨운 물소리도
새소리도 푸르다

환한 햇살에 묻어나는
산 냄새도
푸른

5월엔
산들도
조금씩 조금씩
키가 커 보인다

– 2004년 〈상주문학〉 제16집

책 읽는 바람

바람의 취미는
책 읽기인가 봐
언니가 책 읽다가
졸고 있는 사이

문틈으로 살짝
들어온 바람
차례를 살폈다
그림을 보았다

책갈피를 이리저리
뒤척이다가
언니가 잠 깨기 전
다 읽고 가려고
팔랑팔랑 서둘러
책장을 넘긴다

– 2006년 〈상주문학〉 제18집

팽이

팽이가 팽팽 돈다, 둥근 얼굴로
둥글둥글 둥근 세상 바람도 둥글게
보는 아이들 눈도 둥글게

팽이가 빙빙 돈다, 외발로 딛고
빙글빙글 도는 머리 지구도 빙빙 돌고
하나 발로 받들어도 꿋꿋하게 서는 세상

– 2003년 〈상주문학〉 제15집

아파트 아이들

하하하!
웃는 소리
쉿, 너무 크잖아

우당탕탕
뛰는 소리
쉿, 아래층 시끄럽잖아

우리 집인데도
조용조용 웃어야 하고
살금살금 걸어야 하는

아파트 아이들이
제일
무서워하는 사람은

자꾸만
조용히 해라 야단치는
엄마가 아니다

딩동!
초인종 누르는
화난 아래층 아줌마

– 2005년 〈상주문학〉 제17집

미술 시간

오늘 미술 시간
우리 집 그리기
도화지를 펴놓고
눈을 감는다

마당엔 장독대
바둑이도 그려 주고
뒤뜰 감나무엔
감을 달아 줘야지

할머니는 마루에
어머니는 부엌에
기와지붕은 으쓱
추녀 끝을 올려 주고
대문엔 태극기도 그려야지

담장을 그리다가
아이쿠, 이를 어째
내가 한 낙서
그릴까 말까

누가 보면 어쩌지
선생님이 아시면 어쩌지
오늘 집에 가면
낙서를 지워야지

– 2009년 〈상주문학〉 제21집

모형비행기

프로펠러를 돌려
고무줄을 감는다

꼬옥 꼭 감겨라
난 네가 멀리멀리 날을 걸 믿거든

내가 날고 싶지만
대신 너에게 희망을 거는 거야

종이날개지만
바람을 가르는 소리가 힘차다

조금 더 조금만 더
마음 같아선 널 떠받쳐 주고 싶지만

그만큼도 잘 했어
한 번 더 해 보는 거야

운동장에 내려앉은
너를 들고
다시 한 번 내 소망을 꼭꼭 감는다

– 2009년 7월 상주아동문학회, 2009년 〈상주문학〉 제21집

내 짝

선생님만 안 계시면
칠판을 향해
재빠르게 달려가는 내 짝

커다란 로봇을 그리다 말고
뒤돌아 나를 보고 씨익 웃는다
바라보는 가슴이 조마조마

눈짓으로 불러도
그 앤 내 마음 몰라
칠판의 초록빛 깊이 빠져버렸는지
뒤도 안돌아본다

'선생님, 조금만 늦게 오셔요'

– 2012년 8월 상주아동문학 카페

생일 초대장

처음 받아 본
생일 초대장
가슴이 두근거린다

공부도 못하고
싸움질만 하는데
왜 내게까지 초대장을 주었지?
엄마가 안 계신 줄 알았나 봐

생일잔치는
어떻게 하는 걸까?
가야 하나, 안 가야 하나
얼굴이 화끈거린다

학습 준비물도
친구들 몰래
꼭 챙겨다 준
너……
천사일 거야

– 2012년 4월 상주아동문학 카페, 2012년 〈상주문학〉 제24호

자연(自然)에 대한 서정(抒情)과 따스한 인간관계(人間關係)의 회복(回復)

– 고 박정구 동시인의 작품 세계

김재수

지난 2012년 12월 1일은 상주문학인에겐 참으로 안타까운 날이었다. 상주시청 무양청사 정문에서 문학기행의 부푼 꿈을 안고 출발을 기다리던 박정구 시인이 돌연한 심장마비로 타계하였기 때문이다.

갑작스러운 비보에 문학인 모두는 할 말을 잊었고 가장 소중한 동료를 먼저 보낸 망연자실함에 12월의 하늘만큼이나 가슴을 허허롭고 시렸다.

박정구 시인은 상주문인협회와 상주아동문학회 내에서 가장 힘든 실무적인 역할을 묵묵히 감당해 온 큰 일꾼이었다. 2004년 5월, 제179회 '아동문예 문학상' 을 수상함으로 시인으로 등단을 하게 되었지만, 이미 1990년 첫 상주문인협회 회원으로 활약하면서 1995년 4월, 제2대 김연복 지부장의 출범과 함께 상주문협 사무국장을 시작으로 2000년 필자의 지부장 4년 동안 다시 사무국장을 맡아 2004년 2월까지 10여 년 동안 맡은 일을 성실하게 감당하였다.

뿐만 아니라 1978년 상주아동문학회가 창립된 그 이듬해에 회원으로 가입하여 왕성한 활동을 하면서 2007년부터 2012년 12월까지 5년간 사무국장을 맡아 크고 작은 행사를 직접 치러 냈으며, 1970년대부터 상주글짓기회 회원으로 1990년 상주글짓기회 부회장을, 1992년에는 회장을 맡아오면서 〈푸른 잔디〉의 속간과 상주어린이 백일장, 글짓기 지도교사

연수회, 어린이 시인교실을 주관하는 저력을 보인 분이었다. 과히 실무의 달인이요 행사진행에 만형의 일을 감당했다고 해도 과언이 아니다.

박 시인과 필자는 거의 20여 년이라는 긴 시간을 마음을 맞추며 함께 일해 왔다. 우린 서로에게 손과 발이었으며 눈빛만으로도 서로의 마음을 읽어 냈으니 필자는 그 안타까움으로 긴 시간 애를 태웠다.

박정구 시인의 작품세계는 이미 필자에 의해 2001년 〈상주문학〉 제13집에서 살펴본 바가 있다. 하지만 박정구 시인의 추모 특집을 마련하면서 다시 한 번 시인의 작품세계를 살펴보고자 하는 까닭은 여전히 따뜻한 눈길로 내안에 살아 계시기 때문이다.

박정구 시인은 영원한 자연의 시인이다. 그는 스스로 자연의 시인임을 다음과 같이 밝히고 있다.

나와 동시와 상주
– 자연 친화적인 동시의 향기

자연으로 돌아가라. 루소는 사회의 인습에서 받은 좋지 않은 영향에서 벗어나 인간 본연의 순수함을 되찾고자 자연회귀를 부르짖었다. 천 년 만 년 살아도 빛이 퇴색되지 않는 자연의 의연함과 순수성에서 인간 구원의 방향을 모색하는 예술행위 중의 하나가 자연 친화적 작품 경향으로 표출되기도 한다.

동시란 어떤 면에서는 훼손되지 않는 이간 본연의 동심을 바탕색으로 자연 친화적 표현 예술이다.

파괴된 현실 상황의 테두리를 훌쩍 뛰어 넘어 어린이들의 천진스러움과 대자연의 신선함과의 조응을 통해 마음속의 혼돈을 정화법으로 터트려 낼 수만 있다면 동시 작품의 향기가 효용성을 더할 게 분명하다.

상주는 내가 태어나고 자란 곳이며, 학창시절을 보내고 다시 이곳에 와서 40여 년이 넘도록 교직에 머물며 어린이들과 함께 동심의 텃밭을 일구며 살아온 곳이다. 천진난만한 어린이들의 모습을 보면서 때론 내 시름을 잊기도 하고, 별처럼 영롱한 아이들의 눈빛으로 내 삶의 때를 벗기며 살았으며, 아이들은 내 글 속의 주인공이자 내 작품을 작품이고자 하는 희망이요 빛나는 무지개이기도 했다.

참으로 오랫동안 밟고 다녀 흙마저 단단히 굳어져 버리지는 않았을까 하는 염려가 마음 한 구석 앙금처럼 남았었는데, 내 글밭 이랑에 연한 싹 하나를 틔워 준 곳이기도 하다.

겸손한 마음으로 나를 살피며 내 생명 다하는 날까지 동심 밭에서 가슴을 포근히 적시는 봄비 같은 시, 어린이들의 마음속에 살아 숨쉬는 향기로운 시를 쓰도록 한 상주, 더구나 내 마음이 텅 빌 때마다, 사랑의 시심을 부어주신 고마운 분들이 있는 상주를 사랑한다.

자연 친화적 동시의 향기에 젖도록, 오늘도 그 길을 걷는다. 독자와 함께.

– 2010년 〈상주문학〉 제22집, '특집 2. 내 글의 소재들' 에서

그리하여 지난 2001년 자선시집 특집에서 필자는 그의 작품세계를 '자연에서 자아 낸 서정의 실타래' 라는 제목을 달았던 것이다. '자연은 신의 예술이다' 라고 A. 단테나, '예술은 자연의 모방' 이라고 말한 아리스토텔레스처럼, 자연은 예술 그 자체요, 모든 예술은 자연으로부터 생성된다는 의미이다. 그러기에 우리 조상들은 인간도 자연의 한 부분으로 인식하며 살아왔다. 그리하여 자연 속에 스스로를 던지며 자연 속에 숨

겨진 미의 세계를 천착하려고 애써왔다. 그러므로 자연은 예술의 시작이자 과정이며 마지막이다.

박정구 시인은 많은 동시인이 그러하듯이 자연에 겸허한 자세로 다가서려고 애쓰는 시인 이었다. 그는 한눈팔지 않고 언제나 자연이라는 동심의 텃밭에서 동심을 일구며 그렇게 살아온 분이다.

흔히 동심을 '모든 사람의 원초적 마음, 본래의 마음' , 또는 '모든 어른의 정신적 고향' 이라 하기도 하고 '우리 마음 바탕의 원초적 형태요 그 본질, 원형적 마음 밭' 이라고 한다. 아동문학가이자 시인인 박경용 씨는 '시심의 에센스, 동심' 이란 글에서 시를 시이게 하는 핵을 동심이라고 했다. 왜냐하면 동심이야말로 일체의 관념을 떨어버린 순수이기 때문이다. 그래서 정도의 차이는 있을지라도 동심이 깃들지 않은 시심이란 애당초 있을 수 없기에 동시를 모든 서정시의 원형이라고 말하고 있다. 이러한 서정시의 원형이 동심이라 한다면 동심과 가장 닮은 것은 바로 자연이다. 그래서 모든 시인이 자연을 노래하고 있다.

박 시인이 동시인이 된 까닭은 천성이 동시인의 자질을 타고 난 분이었다.

박정구 시인을 처음 만나는 사람은 마치 커다란 바위처럼 견고함과 과묵한 겉모습을 보기 십상이다. 하지만 조금만 관심을 가지면 그 과묵 속에 어딘지 모르는 천진한 웃음을 발견할 수 있다. 필자는 오랜 만남을 통해 오히려 견고함과 과묵함이 있었기에 예리한 감각과 절제된 언어, 그리고 회화성이 넘치는 표현이 나타나고 있음을 보고 놀라기도 했다.

그리고 늘 베어 나오는 따스한 정감은 그의 외모와는 다른 진정한 내면의 모습 - 그의 일상이 치밀함과 성실함으로 일관해 오고 있음을 알기 때문이다. 그래서 박 시인을 볼 때마다 마치 남장사 일주문을 지나면 우리를 기다리는 한 그루 느티나무, 나이를 알 수 없는 바위처럼 엎드린 그

나무가 이른 봄 가늘디가는 가지 사이로 피워낸 연둣빛 새 잎들의 신선함을 연상하게 한다. 이러한 박 시인이 자선시 특집을 낸 지 10년이 경과하면서 점점 자연의 서정에서 조금씩 따스한 감성의 시로 변모해 가고 있음을 발견한다.

박 시인의 작품을 읽다가 그가 얼마나 동시를 사랑했는지를 시로 쓴 작품을 발견하고 한동안 가슴이 먹먹해 왔다.

> 동시를 쓰다 보면/쓴다는 것보다/읽는다는 것이 더/아름답다고 느낀다//눈앞의 한 자 한 자가/살아 움직이는 물과 같다//한 때 내게는/소낙비처럼 많은 양의 물이 필요했으나/지금은 아무리 작은 물방울이라도/그보다 귀하다/넘쳐흐르는 것도 없이/완전히 내 것이 되어주리니/나는/그 물방울 하나에/남은 인생을 건다//언젠가/새로 시작되는 삶을 위해/이 자리를 비우고/여행을 떠나게 될 때//한 모금/마시고 가야지//동시를 쓰다보면/쓴다는 것보다/읽는다는 것이 더욱/아름답게 느껴진다
>
> – 「동시를 쓰다가」, 1999년 〈상주문학〉 제11집

> 언젠가/새로 시작되는 삶을 위해/이 자리를 비우고/여행을 떠나게 될 때//한 모금/마시고 가야지

지금쯤 그는 하늘나라에서도 자신이 쓴 동시를 물 한 모금 마시듯 읽고 있을지도 모른다.

이제 박 시인이 그동안 자연 속에서 그의 특징적인 감각과 언어로 자아낸 서정의 실타래로 뽑아 낸 작품 몇 편과 그 실타래로 다시 따스한 감정

을 이입시켜 직조한 몇 편의 작품을 극히 주관적인 단상으로나마 풀어가려고 한다.

1. 자연에서 뽑아 낸 서정의 실타래

> 바람이 가는 길은 따로 있나 봐/골목 지나 지붕 위 안테나 길/큰 나무 지나/솔 숲 사이 골짜기//눈 오는 날 창밖을 보면/눈을 데리고 오는 바람이 보이고/비 오는 날 창밖을 보면/비를 데리고 가는 바람이 보이죠/눈도 바람의 길을 알고/그 길 따라오고/ 비도 바람의 길을 알고/그 길따라 가고//바람의 길에 내가서면/어디로 데려갈까/바람 따라간 길 끝엔/무엇이 있을까//가고픈 마음만 살짝 떼어/바람의 길에 놓아 둬 봐요
>
> –「바람이 가는 길」, 2010년 12월 상주아동문학회

시인의 눈은 보이지 않은 것을 볼 수 있는 특수한 어안 렌즈를 가졌다. 그래서 지극히 일상적인 자연현상 속에 아무도 눈여겨보지 못하는 것을 발견한다. 시인의 눈에는 지붕 위 안테나 길도 보이고 솔 숲 사이 골짜기 길은 물론 눈과 비를 데리고 오가는 길을 발견할 수 있다. 그러함에도 또 하나 길만 발견하는 게 아니라 자신이 직접 그 길을 가고 싶은 희망도 바람의 길 위에 실어 봄으로 독자로 하여금 자신도 바람의 길을 찾아 가고 싶은 마음을 살짝 올려 주고 있다.

> 별이 한 줌은 더 쏟아지고/햇살이 한 움큼은 더 내리는/동네/우산골에//슬픔도 조금씩 나누어 갖는/눈물도 조금씩 나누어 갖는//꽃물 든

사람들이/살고 있단다/논벌에 마음을 뿌리며/살고 있단다//함박눈이 한 나절은 더 쏟아지고/보슬비가 한 줄기는 더 내리는/우산골에//웃음을 조금씩 나누어 주는/기쁨을 조금씩 나누어 주는//풀빛에 생각을 씻은 사람들이/살고 있단다/우산골에 꿈을 가꾸며/살고 있단다

– 「우산골」, 1990년 〈상주문학〉 제3호

시인이 사는 마을은 그냥 마을이 아니다. 시인의 눈과 마음으로 보는 곳엔 모든 것이 넉넉하게 보인다. 남들이 보면 산골마을이라고 여겨도 시인의 눈에는 별이 한 줌은 더 쏟아지고 햇살도 한 움큼 더 내리는 동화와 같은 마을이다. 그러면서 이곳에 사는 이들이 꽃물이 든 사람들이란 표현이다. 마음이란 추상적 개념을 이토록 '꽃물' 이란 단어로 선명하게 표현할 수 있을까. 생각이란 추상적 개념을 '풀빛에 씻은 사람들' 이란 말로 그려내는 시인의 놀라운 통찰력이 가슴을 따스하게 하고 있다.

비단처럼 사르르/서쪽 하늘에/노을이 떴다//남산 마을이/금빛 너울을 쓰고//산과 들은/연보라/물속에 잠긴 듯 조용한데//돌담 옆 감나무 가지/검푸른 잎 사이로//또 하나/바알간/감이 익는다//주홍빛/노을을 먹고 익는다

– 「저녁노을」, 1999년 〈상주문학〉 제11집

찔레꽃은 하얗게 피는데/골짜기엔/초록빛 구름이 인다//큰 나무와 작은 나무들이/서로 손잡아/더 울창한 수풀//흥겨운 물소리도/새소리도 푸르다//환한 햇살에 묻어나는/산 냄새도/푸른//5월엔/산들도/조금씩 조금씩/키가 커 보인다

– 「5월」, 2004년 〈상주문학〉 제16집

위의 두 작품에는 시각적 심상들이 서로 어우러져 한 폭의 선명한 수채화를 보는 것 같다. 「저녁노을」의 경우 노을이 지는 모습을 '비단처럼 사르르 노을이 떴다' 라는 표현을 통해 자연 현상이 '사르르' 라는 청각적 심상을 통해 자연스럽게 물이 드는 노을의 이미지를 잘 살려 주었다. 금빛 너울과 대비된 연보랏빛 산과 들, 검푸른 이파리와 대비된 발알간 감, 주홍빛 노을을 의도적으로 대비시킴으로 보다 선명한 이미지를 살리고 있다. 「5월」에서는 시각적 심상을 대비시키기보다는 오히려 동일 색상을 나열함으로 5월이란 계절의 푸른 이미지를 더 강하게 드러내고 있다. 그리하여 5월은 푸른색이 산과 들을 키워내는 역할을 하고 감이 발갛게 익고 역할은 노을에게 감당하게 하여 자연의 현상 하나에도 제대로 짝이 맞는 시적 의미 부여는 시인의 남다른 감각이 아니면 발견할 수 없음이다.

> 바람의 취미는/책 읽기인가 봐/언니가 책 읽다가/졸고 있는 사이//문틈으로 살짝/들어온 바람/차례를 살폈다/그림을 보았다//책갈피를 이리저리/뒤척이다가/언니가 잠 깨기 전/다 읽고 가려고/팔랑팔랑 서둘러/책장을 넘긴다
>
> –「책 읽는 바람」, 2006년 〈상주문학〉 제18집

시인의 눈은 잠시 어디에도 그냥 지나치지 않는다. 이 시를 읽으면 하나의 장면이 너무도 선명하게 그려진다. 좋은 시는 시각적으로 선명 할수록 독자로 하여금 감동과 재미를 느끼게 한다. 더구나 동시의 경우는 더욱 그러하다. 읽어도 분명하지 아니하여 이미지가 선명하게 그려지지 않으면 동시로서 효용성은 떨어지게 마련이다. 이 작품을 읽으면 한 줄 한 줄의 내용이 한 장의 그림으로 다가오면서 동시다운 재미를 주고 있다.

더욱 이 작품을 재미있게 한 것은 '차례를 살폈다/그림을 보았다' 하는

장면이다. 시인은 바람이 이리저리 불면서 앞장을 넘겼다가 다시 뒷장을 넘기는 현상을 노치지 않고 초속 사진기로 정확하게 찍어 버렸다. 시인의 순발력이 우리를 즐겁게 해 주고 있다.

2. 따스한 감정으로 직조된 시

박정구 시인의 작품을 읽다보면 아주 최근의 몇 년 동안의 작품에서 자신의 꿈이나 희망, 의지를 의도적으로 작품화 한 내용이 조금씩 많아지고 있다는 사실을 발견하게 된다. 물론 초기의 작품에서도 가끔 자신의 내면을 작품을 통해 이야기 하곤 했지만 두드러지게 그러한 경향이 짙어짐에 모임이 있을 때마다 회원들은 함께 느꼈다.

> 팽이가 팽팽 돈다. 둥근 얼굴로/둥글둥글 둥근 세상 바람도 둥글게/보는 아이들 눈도 둥글게//팽이가 빙빙 돈다. 외발로 딛고/빙글빙글 도는 머리 지구도 빙빙 돌고/하나 발로 받들어도 꿋꿋하게 서는 세상
>
> – 「팽이」, 2003년 〈상주문학〉 제15집

팽이는 둥근 모양은 아니다. 하지만 시인은 팽이의 도는 모습에서 가장 원만한 둥근 모습을 떠 올린다. '둥글다' 는 '모나다' 와 서로 상반된 언어이다. 시인은 모나서 다투고 힘든 세상보다는 둥글어 함께 어울리는 세상을 꿈꾸고 그 둥글게 도는 팽이를 보고 아이들의 심성도 둥글어 지게 바라고 있다. 뿐만 아니라 하나의 발로 받들어도 넘어지지 않고 꿋꿋하게 자라라는 교훈을 팽이라는 사물을 통해 어린이들에게 심어 주고 있다.

우하하하!/웃는 소리/쉿, 너무 크잖아//우당탕탕/뛰는 소리/쉿, 아래층 시끄럽잖아//우리 집인데도/조용조용 웃어야 하고/살금살금 걸어야 하는//아파트 아이들이/제일/무서워하는 사람은//자꾸만/ 조용히 해라 야단치는/엄마가 아니다//딩동!/초인종 누르는/화난 아래층 아줌마

–「아파트 아이들」, 2005년 〈상주문학〉 제17집

층간 소음으로 인해 빚어지는 아파트 문화의 살벌한 이야기가 부쩍 지면이나 화면에 자주 등장한다. 이를 때마다 아이들의 가슴은 조금씩 위축되고 있음이 오늘의 현실이다. 우리 집이 다른 집의 위층이 되는 게 아파트의 삶이 아닌가. 역지사지의 이치를 감안한다면 문제는 간단한데 그렇지를 못하다. 아파트에서 살고 있는 아이들의 마음이 가감 없이 그대로 드러나고 있다.

우리 집인데도 조용조용 웃어야 하고 살금살금 걸어야 하는 아파트 아이들에게 아래층 화난 아줌마들의 표정을 바꾸어 줄 수 있는 묘약 처방을 위해 시인은 안타까운 질문을 던지고 있다.

오늘 미술 시간/우리 집 그리기/도화지를 펴놓고/눈을 감는다//마당엔 장독대/바둑이도 그려 주고/뒤뜰 감나무엔/감을 달아 줘야지//할머니는 마루에/어머니는 부엌에/기와지붕은 으쓱/추녀 끝을 올려 주고/대문엔 태극기도 그려야지//담장을 그리다가/아이쿠, 이를 어째/내가 한 낙서/그릴까 말까//누가 보면 어쩌지/선생님이 아시면 어쩌지/오늘 집에 가면/낙서를 지워야지

–「미술 시간」, 2009년 〈상주문학〉 제21집

꾸밈없이 그려낸 교실의 모습이 한 일 분 정도 동영상으로 떠오르는 시이다. 설명이 필요 없는 장면 설정이다. 하지만 이 시속에 우산골 어느 마을이 그림처럼 보인다. 아울러 시인의 따스한 가정이 보인다. 할머니는 마루에 어머니는 부엌에서 일하는 모습도 보인다. 시인은 아이의 꿈을 위해 기와지붕 추녀를 으쓱 올려 주고 싶다. 그리고 대문의 태극기는 나라 사랑의 마음. 지금까지는 그냥 그림이다. 하지만 담장을 그리다가 반전이 일어난다. 내가 한 낙서를 그릴까 말까. 그리지 않으면 거짓말 그림이 된다는 아이의 마음이 시인의 마음이다. 그래서 '낙서를 지워야 하겠다' 는 결심으로 미술시간을 마무리 한다.

동시는 일반 성인 시와 달리 효용성도 중요한 몫을 두고 있다. '거짓말 하지 말라' 는 표어이지만 시는 표어와 다른 아닌 감성을 통해 삶의 변화를 유도하는 가치를 지닌다.

> 프로펠러를 돌려/고무줄을 감는다//꼬옥 꼭 감겨라/난 네가 멀리멀리 날을 걸 믿거든//내가 날고 싶지만/대신 너에게 희망을 거는 거야//종이날개지만/바람을 가르는 소리가 힘차다//조금 더 조금만 더/마음 같아선 널 떠받쳐 주고 싶지만//그만큼도 잘 했어/한 번 더 해보는 거야//운동장에 내려앉은/너를 들고/다시 한 번 내 소망을 꼭꼭 감는다
>
> –「모형비행기」, 2009년 7월 상주아동문학회,
> 2009년 〈상주문학〉 제21집

이 시를 읽으면 시의 행간에 담긴 시인의 꿈과 의지를 보게 된다. 고무동력 비행기를 날리는 아이들의 모습을 통해 자신의 꿈과 희망을 함께 감고 날린다. 어쩌면 우리 모두의 꿈과 희망일지도 모른다. 그래서 시인

은 조금 더 조금만 더 용기를 내기도 하고 떠받쳐 주고 싶기도 하다. 그 믿음으로 우리의 삶은 힘을 얻게 되는 것이 아닌가.

그러나 모든 희망과 꿈은 그 바람대로 이루어 지지 않는다. 그렇다고 좌절할 수는 없다. 실망하지 않아야 한다. 그 만큼도 잘 했다고 스스로 위로하며 또 우리는 내일을 향해 소망의 고무줄을 다시 꼭꼭 감는다. 박 시인은 퇴직한 후에도 이렇게 고무줄을 더 단단히 감는 삶을 살아 왔음을 본다.

어깨에 멘 가방 속에/ 지내던 정 가득 담고//"잘 있어요"/인사하는 말보다/눈물이 먼저 흐르고/정든 친구들 모습/비눗방울 되어 떠다니는데,//"잘 가"/머릴 쓰다듬는 선생님 손길/아지랑이 되어 흔들린다//내 대신 누가 앉을까/텅 빈 내 자리/되돌아가 앉을까 봐/얼른 교실 문을 나선다//정든 학교/운동장이/잡아끄는 손길에/발길은 자꾸만 뒷걸음질 하는데/저만치 앞서 계신 아빠/참말 밉다

– 「전학 가던 날」, 2010년 7월 상주아동문학회

떠나 온 곳 친구 모습/눈앞에 어른거리고/어깨에 멘 지냈던 정/아직 무거워/"안녕하세요?"/인사말이 개미소리만 하다//"사이좋게 잘 지내요"/"친구야, 만나서 반가워"/교실은 낯설지만/고마운 이야기/누군가 비워 줬을/빈 의자에 앉는다//'얼굴을 모르는 친구지만/어디로 갔을까?' /외로웠을 책상을 쓰다듬으며/이젠 내가 잘해줄게/속삭였더니//서먹하던 친구들의 눈길이 훈훈해지고/유리창 너머로 보고 계시던 아빠/V 자 손을 흔들어 주신다

– 「전학 오던 날」, 2012년 〈상주문학〉 제24호

위의 두 작품은 '전학'에 대한 시이다. 새 학기가 되면 흔히 교실에서 일어나는 모습이다. 그러나 시인은 이러한 전학이란 관계를 그냥 넘기지 않고 시로 형상화 하여 우리의 가슴을 아련하게 울리고 있다. 필자는 이 시를 읽으면서 마치 전학을 가듯 홀연히 우리 곁을 떠난 박 시인의 모습이 떠올라 한참이나 눈시울을 적셨다. 어깨에 무겁게 멘 가방처럼 정을 담뿍 짊어지고 떠난 시인의 모습. 텅 빈 내 자리 되돌아가 앉을까 봐 얼른 그렇게 떠나셨나 보다. '정든 학교 운동장이 잡아끄는 손길에 발길은 자꾸만 뒷걸음질 하는데 저만치 앞서 계신 아빠 참말 밉다' 라고 자신의 심경을 이 글속에 담아둔 것 같아 가슴이 아팠다.

두 번째, 전학 오던 날도 마찬가지다. 전학 온 학생의 심정을 이렇게 속속들이 들여다보고 있었을까. 전학 오면서 낯설어 힘든 순간이지만 나를 위해 비워 준 얼굴 모르는 아이에 대한 마음쓰임을 외로웠을 책상을 쓰다듬는 여유로 힘을 얻고 있다. 읽을수록 가슴에 잔잔하게 물무늬 지는 감동을 지울 수 없음은 박 시인의 따스한 마음이 행간에 들어 있기 때문이다.

> 선생님만 안 계시면/칠판을 향해/재빠르게 달려가는 내 짝//커다란 로봇을 그리다 말고/뒤돌아 나를 보고 씨익 웃는다/바라보는 가슴이 조마조마//눈짓으로 불러도/그 앤 내 마음 몰라/칠판의 초록빛 깊이 빠져버렸는지/뒤도 안돌아본다// '선생님, 조금만 늦게 오셔요'
>
> –「내 짝」, 2012년 8월 상주아동문학 카페

> 처음 받아 본/생일 초대장/가슴이 두근거린다//공부도 못하고/싸움질만 하는데/왜 내게까지 초대장을 주었지?/엄마가 안 계신 줄 알았나 봐//생일잔치는/어떻게 하는 걸까?/가야 하나, 안 가야 하나/얼굴

이 화끈거린다//학습 준비물도/친구들 몰래/꼭 챙겨다 준/너……/천사일 거야

– 「생일 초대장」, 2012년 4월 상주아동문학 카페,
2012년 〈상주문학〉 제24호

위의 두 작품은 장난꾸러기 아이와 소외된 아이에 대한 내용이다. 교실이라는 공간에는 끊임없이 아이들의 이야기로 넘쳐 난다. 때로는 기쁜 일로 모두가 즐겁기도 하고, 때로는 슬픈 일, 안타까운 일로 모두를 우울하게 할 때도 있다. 이것이 살아 있는 교실의 역동적인 모습이다. 박 시인은 이러한 교실의 모습을 잘 틈만 있으면 찍어내는 사진사의 역할을 잘 하고 있다. 여기에 찍힌 사진은 그냥 겉으로 드러나 현상만을 찍은 것이 아니라 현상 속에 숨어있는 따스한 마음을 표현하는 일이다.

「내 짝」의 경우 장난꾸러기 친구가 칠판에 낙서하는 한 장의 그림이 등장한다. 칠판의 초록빛 깊이 빠졌는지 뒤도 돌아보지 않고 낙서하는 친구의 모습과 선생님이 보시면 꾸중을 들을 것이 뻔해 걱정하는 지은이의 안타까운 마음이 잘 묘사되고 있다.

그리고 마지막 연의 '초록빛에 깊이 빠진' 이란 표현은 초록빛 칠판 속으로 빨려 들어가듯 낙서하는 모습의 묘사가 압권이며, 친구에게 고함을 칠 수도 없는 상태에서 친구를 위하는 유일한 방법은 '선생님, 조금만 늦게 오셔요' 라고 간절한 염원의 심리적 표현이 그것이다.

그리고 두 번째 「생일 초대장」은 흔히 있을 법한 학급에서 소외 된 아이의 심정을 표현한 시이다. 소외되거나 주목받지 않은 아이, 때로는 지나친 장난으로 인해 인정받지 못한 아이에 대해서도 시인은 따스한 눈길로 바라보고 있다. 그래서 초대장을 보내는 아이를 통해 시인 자신의 마음을 바라보게 하고 있다. 뿐만 아니라 초대 받은 장난꾸러기의 눈으로

초대장을 바라보게 하여 더욱 이 시를 따스한 인간적 감동을 주는 시로 만들고 있다. 글의 행간마다 어린이의 솔직한 심리적 갈등을 심어놓아 읽는 이로 하여금 시의 맛을 더 내게 하고 있다.

아둔한 필력과 지극히 주관적인 단상으로 박 시인의 심오한 서정의 세계를 이야기한다는데 무리가 있음을 시인하면서 둔필이 박 시인의 시세계에 누가 되지는 않았는지 자못 걱정이 앞선다. 하지만 함께 30여 년 문학 활동을 함께 해 온 문학 동지이기에 행여 잘못된 부분은 고인께서도 너그러이 헤아려 주시리라고 믿는다.

우리는 오늘 박 시인의 추모 특집을 마련하면서 남은 일은 시인이 남긴 작품세계를 보다 넓고 깊게 펼치는 일이며 그 분이 남긴 문학적 열정과 상주문학에 끼친 헌신을 잊어서는 안 될 것이다.

시인은 늘 자신의 시집 『이슬, 샘물, 햇살 같은 아이들』 상제를 기획 중이었다. 그러나 그는 이 일을 마무리 하지 못하고 떠났다. 우리는 그가 남긴 작품을 한 데 모아 『이슬, 샘물, 햇살 같은 아이들』의 제목을 붙여 출판하기로 마음을 다지고 준비하고 있다. 이 책이 세상에 나올 때 박 시인은 하늘나라에서 함께 기뻐할 것이다.

삼가 고인의 명복을 빈다.

김재수

경북 상주 출생
〈소년〉 동시 추천 완료
동시집 『낙서가 있는 골목』, 『농부와 풀꽃』
동화집 『사랑이 꽃피는 언덕』, 『하느님의 나들이』
산문집 『트임과 터짐』 등

「내 의자」를 영역(英譯) 하며

김연복

내 의자

– 박정구

하루 종일 놀지도 못하고
묵묵히 견뎌내는
내 의자
참 힘들겠다

공부시간에 장난치다
삐걱
선생님께 야단맞고
너만 원망했지

우리가 돌아간
텅 빈 교실에서
너는 친구들과
무슨 얘길 나누니?

내일은 나도
내 짝 유나처럼
너를
깨끗이 닦아 줄게

My Classroom Chair

Park, Jung-Ku
trans, Kim, Yuhn-Bok

I feel sorry for your pain
Of keeping me on you
A whole day without
A resting time

I remember I blamed you
For making noise while
I was playing with my friend
In the class;

What are you talking about
With your friends
After we all go home

After class

I will also clean you
Like my seatmate, Yuna,
Who cleans her chair
Everyday

박정구 님의 동시 「의자」를 영역해 보았다. 박정구 시인은 1995년부터 2000년까지 5년 동안 불민한 필자를 도우며 한국문협 상주지부 사무국장으로 계시면서 복잡한 문협 사무를 솔선하여 맡아주셨다.

임의 꼼꼼한 성격과 책임감으로 막중한 문협의 안과 바깥 사무를 헌신적으로 해주셨기에 지부장의 역할을 큰 어려움 없이 수행할 수 있었다는 점에서 한없는 존경과 감사의 마음을 금할 수 없다.

위의 의인화한 시는 그가 의자의 심정으로 돌아가 이해의 폭을 넓히고 있는 수작이다. 초창기 상주문협의 어머니 역할을 톡톡히 해 주신 임에게 이 자리를 빌려 다시 한 번 고마움의 뜻을 전하고 싶다.

김연복

경북 상주 생. 중등학교 교장 역임(교직 43년 봉직)
명예인간학박사, 국제문인협회(IWA)
한국문인협회 외국문학(번역)분과 회장 역임
창작 영시집 『Lost Landscape(잃어버린 풍경)』 외 6권
황조근정훈장, 미국 월트 휘트먼 시협상(1986), 경상북도 문화상 문학부문(2004), 월간문학 동리상 번역부문(2004), 경상북도 문화상 문학분과(2004), 대구 펜 아카데미상(2005) 외 다수 수상

그래서 그립습니다

이창한

정구 형님.

눈에 선하다는 것 그리움은 눈을 감고 보는 것인가요. 여전히 앞에 앉아 보살 같은 미소로 항상 듣고만 계셨지요. 형님은 상주아동문학의 큰 별이셨습니다.

형님의 작품 속에는 아롱다롱 순진한 아이들의 모습과 예쁘게 핀 향기 가득한 꽃들이며 엄마 품 속 같은 고향 이야기들이었습니다. 그렇게 넉넉한 가슴으로 상주문학인으로서 귀감이 되셨지요. 존경합니다.

시문에 능하신 형님의 고견을 조심조심 일러주셔서 처음으로 문협 활동하는 아우를 차근차근 지도해주셨습니다. 그리움은 잊으려고 하면 싹트는 법. 나이 들어 보고 싶은 사람이 있다는 것……. 참아도 참아도 그리워지면 보고 싶다 속으로 부르기만 해도 눈물 나는,

형님.

꽃피는 봄날, 근사하게 술상 차려 한번 청할 터이니 오셔서 반가운 마음으로 지도록 취해봅시다.

그리운 강물에 추억을 띄웁니다.

이창한

경북 상주 출생. 〈문예사조〉로 등단.

尚州文學

특집 Ⅰ. 상주문학 자선 소시집

해질녘 외 9편

김영숙

그대를 기다리다
산나리 노랗게 된 그쯤이
아픔인 걸 알았네
신록 우거진 풀 섶
가만 가만
매미가 울고 나면
한 무리 산 그림자
소쩍새 울음 따라 내리고
먼 산 등성이엔
느릿한 여름 해가
아픔처럼 돋아난
흰 머리결에 반짝이네

허수아비

떠나는 것도 삶의 방식이라
조금씩 멀어지는 사랑도
사랑하며 살고 싶다

멀어져야 비로소 보이는
그리움의 비밀들로
이 가을이 온통 술렁이지만
허옇게 속살 드러내고
흔들리지 않는
저 들녘의 의연함을 보라

원했던 것만 전부가 아니었다
거부하지도 못하면서
지독한 사랑도 피울 줄 모르는
늦가을 허수아비 사랑
바람에 풀씨 하나가 떨어진다

새벽

물안개 피어나는 새벽
그리움 짙어지는 산허리
산비둘기 새겨놓은 발자국 따라
빗방울 한 줄기 흘리고 가면
생명의 신비가 보일는지요

북풍이 방황하던 골짜기마다
가지 끝에 그리움 매어달지만
함께 꿈꾸던 그 시절 봄
계절이 바뀌어도 미동 않으니
물안개 꾸역꾸역 짙어지는 날
흐릿한 가로등이 서럽더이다

가을의 덫

푸르고 깊은 가슴 열어
흔들리는 모든 것을 품에 안을 것 같은
가을 하늘 아래
날개 없는 새처럼 가슴 미어짐은 왜일까

오래 전 스쳐 지난
기억해두지 않은 사람마저
가을 산자락엔 도라지꽃처럼 피어나고
또 누군가는 시리도록 아픈 가을 들녘
선홍빛 노을 스러질 때까지
가슴 저미며 슬퍼하리라

억새풀 언덕 너머 목화송이 같은 샹송
이명처럼 들리지 않아도
가슴 흔들리고

구속된 모든 것으로 벗어나고 싶은
걷잡을 수 없는 감성만
몽유병 환자처럼 그리운 것을 찾아
풀벌레 속살거리는 들길 맨발로 흔들리며 걸어도
누구도 채워줄 수 없는 가을 뜨락

역병으로 신음하는 텃밭
머리 허연 노인이 떨구고 간
긴 한숨마저 시린 가을바람이 되는
덫 속 또 하나의 덫

하현달

내일은 조금 더 기다려야 하리
그 사이 가슴 싸아한 바람
조금 더 불고
그림자 숨겨둔 어둠 짙어지리라
때론 멀뚱히 서서 바라본다는 것이
세상 가장 무거운 짐이 될 때가 있다
하현달이 떠오를 때까지
어머니의 웃음이 되어 날 때까지
깊게 패인 고랑
타다 남은 그을음 자국 위로
이루지 못한 꿈 하나를 떨군다
두텁게 드리우는 먹구름 속
가물거리는 의식 너머엔
아직 못 다한 멍자국 하나 지우지 않아
서릿발 같은 빛으로 어둠 속 길을 내신다
내일은 조금 더 기다려야 하리
오늘만큼 사라진 것들을 위해

여자

남들보다 달라야 했다
은밀한 바람에 쉽게 흔들리지 않고
분별없는 햇살에 헤프게 웃음 짓지 말아야 한다
가슴은 차갑게 자태는 품위가 있으라고
뼛골까지 구멍 숭숭 뚫린
골다공증 앓는 엄니가 기침까지 해댄다
곱게 자라면 시집가서도 곱게 살게 된다
꼭 내 나이만큼 때 엄니는
과년한 딸년 밥상까지 차려 바치셨다
뼛속까지 훤히 드러낸 겨울, 숲에선
까마귀가 극성스럽게 울어 댄다
멋모르고 끌려나온 농성장의 막 노동자처럼
목청껏 고함을 질러내고 있었다
비 내린 겨울 끝엔 추위가
술 취한 행려병자처럼
드러누워 떼를 쓰고 있다
담장 위로 목련 나무가 보란 듯이 싹을 틔웠다
엄니가 혼잣말처럼 중얼거리셨다
남들보다 달라야 하는 겨

중년

바람 끝 시린 무릎 웅크리며
삭풍에 흔들리는
나이를 가늠한다
가물가물 히말라야 정상처럼
내 생 아득하던 그 나이
그 고비 길에 올라
후들리는 발아래
아직 못다 이룬 꿈
꿈틀 꿈틀
석양 따라 관능의 포물선 그린다
이성과 감각을 마비시킨
적포도주 한 잔으로
꿈은 꿈속에서 이루고
나지막한 겨울 하늘 아래엔
동지섣달 시린 바람 끝이 두렵다

목련

그 집의 봄은 수많은 나비 떼의 부화로부터 시작된다
오십 년 쯤 되는 양옥집 그 보다 더 오래된 듯한
목련나무를 처음 보았을 때 지붕을 온통 가리고 선 나무의
기세와 당당함에 힘겨운 듯 웅크린 집의 광경이
전생에 주인과 하인의 관계였을 것이다
아마도 주인은 이름난 폭군이었을 것이라
해석해보곤 하였는데
꽃봉오리가 절정에 다다를 때면
수많은 형광빛 나비 떼가 기다란 더듬이로
그 집을 습격하곤 하는 꿈을 꾸다가
속이 메스꺼워져서
헛구역질을 하기도 하였는데
그럴 때면 나의 전생도 어느 신통력의 예언가나
아프리카 밀림 속 이름난 주술사가 아닐까 생각하곤 하였다
이따금 어느 집 몇 대손의 연이은 사업 실패라든가
쇠락의 길을 걷고 있는 부잣집 풍문이 전해질 때면
나는 그 막장세력을 과시하고 서 있는 목련나무의
왕성한 식욕과 눈부신 형광나비의
부화 때문이 아닐까 하고 생각해 보게 되는 것이다

억새풀 사랑

잊어도 좋은 기억일 뿐
가을비 속에 흔들리는
조용한 몸부림
싸늘히 식어버린 온기로
이별은 억새풀 숲에서 오는 것

싸리문 너머로 수줍던 언니
웃음 머금은 그리움에
가슴이 시려도
스잔한 가을바람 말갛게 쓸리는
연노랏빛 설렘
한웅큼 보듬어 안고

길고 긴 그리움에
하얗게 여윈 채로 서서
조용히 흐느끼는
억새풀 숲에

가을 내음 성숙한 모습으로
성근 빗방울 한 줄기 지나면
한번쯤 돌아보는
잊어도 좋을 기억일 뿐

가깝고도 먼 거리를 알고 있나요

가지 끝에 몸부림
나무는 알까

뿌리 아래 전해 오는
삶의 온기는
구월 하늘 떠오른
낮달을 닮고
굵다란 줄기 따라
수액의 오름
발끝에 짓눌린 들풀과 같아

나뭇가지 끝자락
깊은 슬픔
겨울 옷 갈아입은
뿌리는 알까

깊은 땅속 울림은
너무나 작고
가지 끝의 외로움
너무나 깊다

동짓달 밤바람
매섭게 울 때
가지 끝 절망
뿌리는 알까

기다림의 서정(抒情)

―김영숙의 시 세계

박찬선

우주의 1년 4계절 가운데 지금은 여름에서 가을로 들어서는 하추교역기(夏秋交易期)! 머지않아 '가을의 숙살기운'이 우리 삶에 들어와 모든 것을 총체적으로 뒤흔들 것이다. 가을 개벽은 우리가 몸담고 있는 대자연과 문명, 그리고 인간의 '모든 것을 완전히 새롭게 바꾸는 전무후무한 대변혁이다.[1]

가을이 물드는 지난 11월 초에 고등학교 동문들과 문경 새재를 다녀왔다. 주말이라서 그런지 온통 포화상태였다. 사람도 자동차도 빼곡히 차 있었다. 일찍 떨어진 은행잎은 발길에 밟히고 산은 황갈색으로 치장을 했으며, 그 속에서 단풍나무는 더욱 붉게 타고 있었다.

주흘관에서 조곡관, 조령관으로 이어지는 산길은 말 그대로 인산인해(人山人海), 그냥 물밀듯이 밀려서 올라가는 기분이었다. 반들반들하게 다져진 길은 개성과 맵시와 아름다움을 자랑하는 움직이는 등산복 경연대회장이었다. 정작 가을의 소리는 듣지도 못하고, 가을의 속살은 보지도 못하고 사람구경만 잔뜩 하고 왔다.

1) 안경전. 『개벽 실제상황』, 「가을 대 개벽의 문턱에서」 p.432.

첫머리에 인용한 글은 증산도의 후천개벽(後天開闢)을 이야기 하는 것이고 그 다음 글은 내가 다녀온 가을 산행의 일부이다.

올해 들어 한창 유행처럼 번지고 있는 인문학을 살펴볼 모임이 있어서 증산사상(甑山思想)을 공부할 기회가 있었다. 공부래야 수박 겉핥기, 속으로 좀 잠기어서 젖을라치면 어느 새 밖의 현란한 현상에 눈길이 쏠리곤 했다. 가을 산행만 해도 역시 가을의 참모습은커녕 변두리에만 어슬렁거리다가 온 것이다. 주마간산격(走馬看山格)이랄까, 분명히 관심을 가졌으면서도 핵심에 닿지 못하는 피상적 판단이나 행위에 대해서 못마땅한 것은 당연한 일이다.

요즈음 매일 아침 찾아오는 조간신문에도, 월·계간 문예지에도 시가 넘쳐나고 있다. 발표되는 시의 양이 엄청 늘어난 탓도 있겠지만 시를 보는 눈도 모르는 사이에 어물쩍 보고 넘어가는 타성이 생겼다. 이것이 바람직한 자세가 아니라는 것을 알면서도 쉽게 고쳐지지 않는다. 여기에 아주 가까이 있고 자주 접하게 됨으로써 그냥 지나치게 되는 경우를 가늠하면 결코 가벼운 문제가 아니다. 가벼운 생각과 가벼운 눈이 문제다.

김영숙의 시를 읽기에 앞서 이 점을 경계하려는 것이 이렇게 길어졌다. 더구나 월례회나 행사를 통해서 만나는 사람들은 작품 이전에 그 사람에 대한 어떠한 상이 그려지기 마련이다. 이것 또한 작품을 보는 데는 장애 요소가 되는 것이다. 이러한 편협성을 가능한 배제하고 주어진 작품을 거듭 읽었다.

떠나는 것도 삶의 방식이라
조금씩 멀어지는 사랑도
사랑하며 살고 싶다

멀어져야 비로소 보이는
그리움의 비밀들로
이 가을이 온통 술렁이지만
허옇게 속살 드러내고
흔들리지 않는
저 들녘의 의연함을 보라

원했던 것만 전부가 아니었다
거부하지도 못하면서
지독한 사랑도 피울 줄 모르는
늦가을 허수아비 사랑
바람에 풀씨 하나가 떨어진다

–「허수아비」 전문

가을 들판에 서 있는 허수아비는 거친 외형만으로 새를 쫓는 임무를 수행한다. 스위스의 조각가이자 화가인 알베르토 자코메티(Alberto Giacometti, 1901~1966)의 막대기처럼 마른 인물 조각 〈걷는 사람〉을 떠올리게 하는 허수아비, 알맹이도 없이 허허로운 자세로 을씨년스럽게 서 있지만 시인에게는 바로 시의 대상으로 다가온 것이다. 무르익은 가을들판을 지키는 한 '대상이 시' 로 환치되었다. 언어로 새 옷을 입혀서 드러내 주었다.

가을은 조락(凋落)과 별리(別離)의 계절이다. 무성했던 잎들도, 알찬 열매들도, 가을을 노래한 새들도 모두 떠난다. 이렇게 '떠나는 것도 삶의 방식' 이자 순리이며 가을의 이치이다. 추수가 끝난 들판이나 잎 진 나무들은 가을 하늘이 멀리 보이듯이 왠지 멀리 보인다. 채워 있고 가까이 있을 때는 모르다가 정작 텅 비우고 멀리 떠난 뒤에야 비로소 소중함을 알게 되는 늦은 깨달음. 시인은 멀어지는 사랑을 버리지 않고 사랑하며 '멀어져야 비로소 보이는' 삶의 깊은 도리를 터득한 것이다.

허수아비는 허수아비로 있을 때 존재의 가치가 있다. '허옇게 속살 드러내고/흔들리지 않는/저 들녘의 의연함'을 볼 수 있는 것이다. 비록 찢어지고 너풀거려서 겨우 몸을 가리고 있는 처지일지라도 흔들리지 않고 가볍지 않는 존재의 당당함을 산 것이다. 그러나 시인은 여기에서 그치지 않고 있다. '원했던 것만 전부가 아니었다'고 선언하면서 그보다 '지독한 사랑도 피울 줄 모르는/늦가을 허수아비 사랑을' 안타까워하고 있다.

허수아비의 사랑은 멀어지는 사랑이다. 헤어지고 소멸하는 멀어짐의 사랑이다. 그러한 사랑도 '사랑하며 살고 싶다'는 시인의 역설적 의지가 공허하지가 않다. 거기에는 바람에 떨어지는 풀씨가 있기 때문이다. 다름 아닌 사랑의 싹을 틔울 씨앗이 있기 때문이다. 그 속에는 돌아옴과 성취의 의미가 담겨 있다. 그리움의 근원으로 나타나는 가능성이 있다.

김영숙 시인에게 대상은 바로 시다. 김 시인은 시적 대상을 보고 시화하는 마음의 눈(心眼)과 시를 보는 눈(詩眼)이 빛난다. 그것은 시의 감상과 시작(詩作)을 통해, 시의 영역을 넓혀가는 힘이 된다.

푸르고 깊은 가슴 열어
흔들리는 모든 것을 품에 안을 것 같은
가을하늘 아래 날개 없는 새처럼 가슴 미어짐은 왜일까
오래 전 스쳐 지난
기억해 두지 않은 사람마저
가을 산자락엔 도라지꽃처럼 피어나고
또 누군가는

시리도록 아픈 가을 들녘
선홍빛 노을 스러질 때까지
가슴 저미며 슬퍼하리라

억새풀 언덕너머 목화송이 같은 샹송
이명처럼 들리지 않아도 가슴 흔들리고

구속된 모든 것으로 벗어나고 싶은
걷잡을 수 없는 감성만
몽유병 환자처럼 그리운 것을 찾아
풀벌레 속살거리는 들길 맨발로 흔들리며 걸어도
누구도 채워줄 수 없는 가을 뜨락

역병으로 신음하는 텃밭
머리 허연 노인이 떨구고 간
긴 한숨마저 시린 가을바람이 되는
덫 속 또 하나의 덫

–「가을의 덫」 전문

봄을 타는 사람도 많지만 가을을 타는 사람도 많다. 통속적인 말이지만 애수의 가을, 눈물의 가을은 모든 사람의 곁에 있다. 허연 억새꽃이 무더기로 피어 바람에 흔들리는 모습을 보면 가슴이 서늘해진다고 한다. 구르몽(Remy de Gourmont 1858~1915)의 시[2)]가 아니어도 낙엽 밟는 소리만 들어도 눈시울이 뜨거워진다고 한다. 산과 들에 핀 들국화만 보아도 가슴이 저며

온다고 한다. 가을은 인간의 본원적인 심연에 슬픔의 그림자를 띄운다.

흔히 이상적인 사람, 우리가 말하는 '큰 사람(大人)은 천지와 함께 덕을 합하며, 일월과 그의 밝음을 합하며, 사시와 질서를 함께하며, 귀신과 길흉을 함께 한다'[3]고 이른다. 특히 사계절의 변화에 순응해서 산다고 했으니 그리 쉬운 일은 아닐 성 싶다. 만물이 탄생, 성장, 성숙, 폐장하는 사계절 중에서 가을은 온 곳으로 돌아감을 의미한다. 낙엽귀근(落葉歸根), 나뭇잎이 뿌리로 돌아가듯이 시원을 바로잡아 근본으로 돌아가는 원시반본(原始返本)을 이름이다. 우리네 삶이 나고 듦의 연속에서 가지게 되는 아픔, 그것은 내가 살고 있다는 존재의 근거요 증좌가 아닐까.

'날개 없는 새처럼 가슴 미어짐'과 가을 산자락엔 도라지꽃처럼 피어나는 스쳐지나간 사람하며, '시리도록 아픈 가을 들녘/선홍빛 노을 스러질 때까지/가슴 저미며 슬퍼'할 누군가가 있는 가을, 가을과 인간이 관계지워진 이 모두는 가을이 본디부터 간직한 요소들로서 시인의 섬세한 감성이 비춰주는 영상이리라. 깊은 마음 속 시의 거울인 시경(詩鏡)에 나타난 심정이리라.

시인은 여기에서 그치지 않는다. 억새풀 언덕너머에 가슴 흔들리고 '구속된 모든 것으로 벗어나고 싶은', '누구도 채워줄 수 없는 가을 뜨락'을 제시한다. 인간은 태어나면서부터 어디에, 누군가에게 매였다. 부모에게 매이고, 지역사회에 매이고, 나라와 하늘에 매였다. 이 세상 모든 존재에 매여 있는 부자유한 존재로 내던져졌다. 그 매임은 두루 관계 지워진 것과 다름 아니다.

2) 「낙엽」 시몬, 나뭇잎 저버린 숲으로 가자/낙엽은 이끼와 돌과 오솔길을 덮고 있다//시몬 너는 좋으냐? 낙엽 밟는 소리가//낙엽 빛깔은 정답고 모습은 쓸쓸하다/낙엽은 버림받고 땅 위에 흩어져 있다/시몬 너는 좋으냐? 낙엽 밟는 소리가//해질 무렵 낙엽의 모습은 쓸쓸하다/바람에 흩어지며 낙엽은 상냥하게 외친다/시몬 너는 좋으냐? 낙엽 밟는 소리가//발로 밟으면 낙엽은 영혼처럼 운다/낙엽은 날개 소리와 여자의 옷자락 소리를 낸다/시몬 너는 좋으냐? 낙엽 밟는 소리가//가까이 오라, 우리도 언젠가는 낙엽이리니/가까이 오라, 밤이 오고 바람이 분다/시몬 너는 좋으냐? 낙엽 밟는 소리가

3) 周易 乾卦 文言傳: 夫大人者 與天地 合其德 與日月 合其明 與四時 合其序 與鬼神 合其吉凶

관계 지워 짐은 연암(燕巖) 박지원(朴趾源, 1737~1805)이 말한 사이의 묘(妙)이기도 하다. 대상과 대상이 있는 그 사이, 마치 옷에 붙은 이와 몸과의 사이 같은 관계, 떼려야 뗄 수 없는 그런 관계가 아닐까? 관점과 관점 사이를 꿰뚫는 사이의 통합적 관점을 이르는 것이 아닐까? 마치 인간에게 불을 훔쳐다 준 죄로 포박당한 프로메테우스처럼 그래서 누군가가 '포박(捕縛) 당한 인간' 이라고 하지 않았던가. 벗어나려고 해야 벗어날 수 없는 원초적인 묶임을 떨쳐버리지 못하는 이유가 여기에 있다.

또한 시인은 목말라하는 존재다. 먹어도 먹어도 부족감을 느끼는 존재다. 포만의 시인은 시가 없다. 이미 가득 차 있기 때문이다. 채워지지도 않는, 채워줄 수도 없는 가을 뜨락은 시인의 시적 욕구를 뜻한다. 채워지지 않는 모자람과 부족함이 있기에 시가 있다.

여기까지는 개인의 몫이다. 시인의 시선은 '역병으로 신음하는 텃밭'과 '머리 허연 노인의 한숨' 으로 이어진다. 나의 가슴 미어짐과 흔들림과 못 채움이 역병과 노인의 한숨으로 연관되어 나온다.

필자는 고추의 역병 곧 탄저병을 경험했다. 집안 텃밭에 고추 십여 포기를 심어놓고 무농약 무공해의 청정고추를 먹겠다고 약을 치지 않고 두었더니 고추마다 검은 반점이 생겨서 마침내 썩어버리고 마는 것을 보았다. 일종의 실망과 배신감을 저버릴 수가 없었다.

가을바람이 된 노인의 한숨은 시인의 한숨이요, 함께하는 한숨이다. 그것은 다가감이자 함께함이다. 가을은 덫을 놓아 바람처럼 어디론가 떠나고 싶은 가을의 병을 앓게 하고 가을 속에서 역병은 부패(腐敗)의 덫을 놓아 긴 한숨을 짓게 한다. '덫 속 또 하나의 덫' 인 이중적인 덫 속에서 시인은 다시 시의 덫을 놓아 끌어들인다.

남들보다 달라야 했다

은밀한 바람에 쉽게 흔들리지 않고
분별없는 햇살에 헤프게 웃음 짓지 말아야 한다
가슴은 차갑게, 자태는 품위가 있으라고
뼛골까지 구멍 숭숭 뚫린
골다공증 앓는 엄니가 기침까지 해댄다
곱게 자라면 시집가서도 곱게 살게 된다
꼭 내 나이만큼 때 엄니는
과년한 딸년 밥상까지 차려 바치셨다
뼛속까지 훤히 드러낸 겨울 숲에선
까마귀가 극성스럽게 울어댄다
멋모르고 끌려나온 농성장의 막 노동자처럼
목청껏 고함을 질러대고 있었다
비 내린 겨울 끝엔 추위가
술 취한 행려병자처럼
드러누워 떼를 쓰고 있다
담장 위로 목련 나무가 보란 듯이 싹을 틔웠다
엄니가 혼잣말처럼 중얼거리셨다
남들보다 달라야 하는 겨

－「여자」 전문

마치 시집가는 딸에게 여자로서 지키고 행해야 할 사항을 적은 계녀가(誡女歌)를 읽는 듯하다. 억음존양(抑陰尊陽)의 유교사회에서 강조했던 삼종지도(三從之道)와 칠거지악(七去之惡)에 얽매였던 과거 조선 여인들의 굴레를 조금은 연상케 한다. 아무리 시대가 바뀌었다고 하더라도 어머니가 딸에게 전해주는 부도(婦道)는 한 마디로 '여자답게 잘 살아라' 는 것일 게

다. 그러기 위해서는 '은밀한 바람에 쉽게 흔들리지 않고' '분별없는 햇살에 헤프게 웃음 짓지 말아야' 하며 '품위가 있으라고' 나근나근 이른다. 그것도 '골다공증 앓는 엄니가 기침까지 해대시면서' 말이다. 당신은 몸이 온전치 못하면서도 딸에게 기우리는 정성만은 한결같다. 이것이 우리네 부모의 변치 않는 마음이다.

그런데 '까마귀가 극성스럽게 울어대고' '멋모르고 끌려나온 농성장의 막 노동자처럼/목청껏 고함을 질러대고' 있으며 겨울의 끝추위가 행려병자처럼 떼를 쓰고 있다. 어딘가 불길하고 불안한 극한상황을 보여준다. 행여나 불행해지지나 않을까 하는 기우(杞憂)를 떨쳐버리지 못한다. 여자의 삶이 따스한 봄날 같지 않고 험난함을 상징적으로 보여준 것이다. 그러면서도 고해(苦海)라는 세상 속에서 '남들 보다 달라야 하는' 당부와 기대가 따른다.

시인의 작품 「목련」에는 '그 집의 봄은 수많은 나비 떼의 부화로부터 시작된다' 고 하여 오십 년쯤 된 양옥집과 그보다 더 오래된 듯한 당당한 목련나무가 그 집의 지붕을 가리고 있는데, 마치 전생에 주인과 하인 관계였을 것이라고 해석해 보는 대목이 나온다. 여기에 그치지 않고 '……꽃봉오리가 절정에 다다를 때면/수많은 형광빛 나비 떼가 기다란 더듬이로/그 집을 습격하곤 하는 꿈을 꾸다가/속이 메스꺼워서/헛구역질을 하기도 하는데/그럴 때면 나의 전생도 어느 신통력의 예언가나/아프리카 밀림 속 이름 난 주술사가 아닐까 생각하곤 하였다' 고 한다.

그뿐 아니라 전생의 모습을 그려보는 일도 그렇지만 '막강세력을 과시하고 서 있는 목련나무의/왕성한 식욕과 눈부신 형광나비의/부화 때문이 아닐까 하고 생각해 보게 되는 것이다' 라는 내용이다. 이렇게 소심한 심리의 밑바탕에는 전래의 샤머니즘적 요소도 있으며 인연에 따른 윤회의 결과로도 생각할 수 있을 것이다.

어쨌든 우리의 어머니들은 행여나 닥칠지 모르는 정신적 고통(trauma)을 뛰어 넘어 행복을 기원했음은 이를 것도 없다. 「여자」에서 '엄니' 가 보여주는 심리세계나 「목련」에서 보여주는 믿음은 전혀 무관치 않음은 아니다. 여러 가지 어려운 상황이 전개되어도 '담장 위로 목련 나무가 보란 듯이 싹을 틔웠다' 고 시인은 밝은 전망을 일러준다.

지금은 여성시대, 음존(陰尊)시대로 접어들었다고 한다. 차가운 이성보다는 따스한 감성이 필요한 시대, 땅의 모성(母性)으로 뭇 생명을 따뜻하게 감싸주어야 할 때이다. 앞서 돌아감, 즉 회기(回歸)는 모성으로의 귀환을 일컫는다.

그대를 기다리다
산나리 노랗게 핀 그쯤이
아픔인 걸 알았네
신록 우거진 풀섶
가만 가만
매미가 울고 나면
한 무리 산 그림자
소쩍새 울음 따라 내리고
먼 산 등성이엔
느릿한 여름해가
아픔처럼 돋아난
흰 머릿결에 반짝이네

– 「해질녘」 전문

「해질녘」은 정제가 잘 되고 자연스럽다. 지나친 꾸밈이나 과장이 없다.

현란한 수식이나 인위적인 과장이 없기에 그런 느낌이 든다. 산나리, 신록, 매미, 산 그림자, 소쩍새, 여름 해, 이런 시어들이 자아내는 분위기가 더욱 그렇다. 이것은 자연적 언어가 주는 소박함과 온화함이 주는 효과일 것이다.

그런데 「해질녘」에는 '아픔' 이 두 번 나온다. '산나리 노랗게 핀 그쯤이/**아픔**인 걸 알았네' 와 '느릿한 여름해가/**아픔**처럼 돋아난/흰 머릿결에 반짝이네' 가 그것이다.

아픔은 몸이나 마음이 괴로운 것을 이른다. 하지만 시인의 아픔은 육신의 아픔이 아니다. 첫 아픔은 산나리가 핀 '그쯤' 의 아픔이요 뒤엣것은 '아픔처럼 돋아난 흰 머릿결' 의 보조관념으로의 아픔이다.

우리가 즐겨 읽어왔던 소월의 「산유화」에는 '산에는 꽃 피네/꽃이 피네/갈 봄 여름 없이/꽃이 피네//산에/산에/피는 꽃은/저만치 혼자서 피어있네' 가 나온다. 여기서 '저만치' 와 '그쯤' 은 어떤 기점에서 떨어져 있음을 뜻한다. 두 낱말은 사이가 벌어져 있는 공간적 거리감을 보여준다는 점에서 일치한다.

이렇게 보면 「해질녘」의 아픔은 보편적 아픔이 아니라 '그대를 기다리다' 가 나와 떨어져 있음의 아픔임을 알겠다. 산나리가 핀 '그쯤' 을 당겨서 가령 '여기' 한 곳으로 함께 어울린다면 해소되는 아픔일까? 그건 아닐 것이다. 설령 그렇게 된다고 해도 아픔은 아픔으로 남기 때문이다.

'그대' 와 '그쯤' 이 두 경계와 사이에 신록, 매미 울음, 산 그림자, 소쩍새 울음 그리고 여름 해가 억새의 흰 머릿결에 반짝이는 풍경이 자리 잡고 있다. 어쩌면 자연에 대한 아픔은 아픔이 아닐 것이다. 비록 아프다고 하더라도 자연 속에서 자연스럽게 치유되기 때문이다.

시인에게 있어서 기다림은 무얼까? 사람이나 때가 오도록 바라는 기다림. 사람은 기다리는 존재다. 사람은 한평생 하염없이 기다리가 떠나가는 존재다. 사람은 태어나면서부터 무엇인가를 기다린다. 엄마의 젖을 기다리는 데서부터 임종이 시각까지 기다림의 연속이다. 종교인이 내세를 기다리고, 기업인은 소득 증대를 기다린다.

사람들이 오늘보다는 내일, 내일보다는 모레가 달라질 것이라는, 부도, 명예도, 사랑도, 평소에 바라는 모든 꿈도 이뤄지리라는 묵도(默禱)의 기다림, 그 연속에서 인생은 끝이 난다. 기다린다는 것은 아름답고 슬픈 일이다. 희망과 절망, 권태와 기대 속에 가슴 설레는 희열과 답답한 환멸이 있는 줄 알면서도 기다린다.

조병화의 시 「이렇게 될 줄을 알면서도」에서 '이렇게 될 줄을 알면서도/당신이 무작정 좋았습니다//서러운 까닭이 아니올시다/외로운 까닭이 아니올시다' 라고 읊었듯이 '내일은 조금 더 기다려야 하리/오늘만큼 사라진 것 들을 위해' (「하현달」)에서 목이 긴 황새처럼 기다리며 살아야 한다고 읊조린다. 하염없이 기다리다가, 기다리다가 망부석이 되는, 기다림이 욕망이기 보다는 무엇이든지 받아들이는 마음의 준비가 앞서야 할 것이다.

'까칠하게 야윈 잠 못 이루는/새벽의 시간 너머로 그대가 있었다' (「바람」), '그대를 기다린다' (「해질녘」) 여기서 기다리는 '그대' 는 시인의 이데아(idea)이자 우리의 이데아이다. 우리 모두가 희구하는 생각의 다발이자 이상이다. '그대' 를 무엇으로 상정을 해도 무방하다. 연인, 친구, 시, 꿈, 희망, 진리, 계절…… 누구 또는 무엇이라고 해도 좋다. 시인은 단지 시로서만 존재하기 때문이다. 절실하면서도 오랜 '기다림의 서정' 으로서.

박찬선

경북 상주 출생. 현대시학 추천(1976)
문협경북지회장, 펜클럽경북지역위원회장 역임. 현 한국시인협회 기획위원, 한국문인협회 상벌위원, 현대불교문인협회 자문위원
대한민국향토문학상(2007), 이은상문학상(2013) 수상
시집 『돌담 쌓기』, 『尙州』 외

尚州文學

尙州文學

시

권삼중
권형하
김다솜
김동수
김숙자
김연복
박두순
박영애
박찬선
신동한
이미령
이승진
이창한
장원달
조재학

간밤에 무슨 일 있었는가 외 1편

권삼중

간밤에 무슨 일 있었는가
나에겐 미동도 없는 밤이었는데

거리에 도둑이 다녀갔다
은행을 털어놓고
다 담아가지 않고 남긴 흔적이
거리에 가득하다

유년의 집에 잠재워 둔 것이 살아
줄줄이 펼친 황금빛 향연
한순간 목석이 되어 서 있다
아무 생각도 없이

뒷골목 끝자리는
그냥 두려는지 멀쩡하다
간밤 거리의 소식
바람이 솔솔 실어다 준다

별 밤

유난히도 별이 밝다
시가 촘촘히 박힌 밤하늘

그 시 다 읊조리지 못하고
터벅터벅 소리를 밟는다

별이 따라 온다
무수한 말이 쏟아지는 이 밤

잔을 가득 채운 것은
다 너 때문이다

아니,
다 나 때문이다

권삼중
한국문인협회 상주지부 회원

만월 외 4편

권형하

십이월 달 사이로 여자가 오고 있다
양수를 다 먹은 뒤 산달이 된 만삭으로
핏줄이 아기 핏줄이 나뭇가지로 얼비친다
이 산촌 산동네에 몇 십 년 만에 경사이랴
산자락마다 깔아놓은 곱고 고운 보료를
사내가 숨도 가쁘게 방문을 열고 있다

순대 먹는 여자

아이에게 사탕 물리고 풍선 하나 들리고 가슴이 토굴 같아
토막 낸 순대를 먹다가

노을도 소금으로 찍어 산마루에 걸어본다

어둠이 쑥쑥 자라나 목을 빼는 가로등
손마다 휘저어보면 핏기 없는 달로 뜬다
어제도 오늘도 내일도
배웅한 그 사람일까

어떤 길이라도 밟아보면 힘이 되던 것이 집 가까이 다가오면 어깨 짚
어주는 전신주

잡아본 아이 손목만 빠져나가는 바람 한 채

머리카락

물 빠짐이 좋지 않아 세면대를 고치는데
지난 해 돌아가신 선비(先妣) 흰 머리칼이 뽑혔다

말로만 남길 수 없어서
몸으로 남긴 언어

한 가닥도 아니고 너댓 가닥씩 뭉쳐있다
몇 올씩 뽑아내어 종이로 감싸는데

"눠게나 뽑히지 마라"
말씀도 긴
머리칼의 입

곶감

밤비 지나가는 소리에 문득 생각이 나
상주(尙州) 사는 차진환에게 물 흘리듯 시 써 보내니
늦가을 서리 내릴 쯤 곶감을 보내왔다.
툇마루 감 시렁마다 등불 환한 놈만 골랐다나
몸 포갠 속살마다 그 손길이 얼마라고
아까워 먹지 못 하자 하얀 분을 피웠다

얼굴을 숨겼어도 동글동글 번지는 말들
한 알 한 알 입 막고 웃어대는 소리들
이 겨울 바람소리로 건너오는 마음들

요래 가이고 조래 해 봐

내 어릴 적 할매가
바늘에 실 꿰어 달랄 때

실 한 뜸
바늘 구녕에
요래 가이고 조래 해 봐 라더니
어느새 내 입속 가득히
옹알쫑알 피어나는 말들

눈 가뭇한 아내가 바늘에 실 꿰어 달랄 때
입술 뭉텅 씹히는 말로
요래 가이고 조래 했더니

콧구녕 밥알 빼 먹는 소리로
'알 써 그래그래' 한다

권형하

상주 출생
매일신문, 중앙일보 신춘문예 당선
시집『바다집』외 3집 출간

문병 외 2편

김다솜

'님들이지나간어디쯤2층난민촌을방불케하는허술한옥탑방언니가되어마치생을다놓아버린할미처럼잠옷바람에머리카락도구겨진채로뒹굴고있소어제까진젓가락끝으로흰죽을찍어낱알을삼키며복부를팽창케하는독한약기운을이기려애썼으나항암8일째인오늘은쑥국에죽밥도조금먹고삼동추전도뜯으며모처럼만에식사를하였소부의금내지않아도되도록최대한노력하리라ㅎㅎ이토톡화한딸기와신선한오이그리고영양음료를들고어려운걸음왔는데반기지못해정말죄송하오6월이오면민대머리긁적이며내꼭연락하리잊지않겠소감사하오'

벚꽃시화전

북천에서 북천으로 가는 너를 본다

눈보라처럼 날아가는 너를 보고 사진을 찍는다

원두막에 몇 몇 여인들 차(茶) 한 잔 하라며 손짓하네

낮에는 분명 너는 벚꽃, 하지만 가로등 아래 본

너는 수심 깊은 바다에 핀 산호 같았어

그 곁에 서있던 활짝 핀 자목련이

나, 나, 나 좀 봐 하다가 북천으로

안부의 대하여

내가 그녀의 비서인가
나만 보면 그녀의 안부를 묻는다

내 갈길 찾아 가기도 숨 차는 데
사람들은 그녀에게 전화하지 않고
나만 보면 그녀에게 금덩어리나 다이아몬드 주려고
어디에 사냐? 뭐하고 있냐? 안부를 묻는다

물을 때마다 '설거지해요'
물을 때마다 '잠자고 있어요'
물을 때마다 '해우소 있어요'

꼬리에 꼬리를 물고 도는 착한 안부들
꼬리 없는 쥐와 고양이들의 슬픈 호기심

자꾸 엉뚱한 안부 물으면
누구든 고양이 발톱으로

김다솜
한국문인협회 상주지부 회원

아버지 외 2편

김동수

푸른 기장이 누렇게 고개를 숙이고 아버지는
먼 산 첫 봉우리에 삶을 숙이셨다

장날마다 드시던 막걸리 한 잔으로
삶의 매듭을 풀던 아버지는
이제 막걸리 한 잔을
산과 들에 나누어 주고 계신다

눈물이 다시 기장으로 고개 숙이던 날
아버지는 이미 다른 세상의 글자를
몇 자 굽히고 계셨었는지

가을은 곡선이 되는 것임을
아버지는 알고 계셨다
올해도 아버지는 모든 기장을 굽히시고
굽은 술 막걸리 한 잔을
쭉 들이키시고 먼 골목을 돌아서 가신다

자시(子時) 잡기

– 신봉동사무소 앞 편

8月에 거미줄 이야기를 했다
저렇게 많은 느티나무 가지 중 하나와
가로등을 처음 연결한 순간을 우리는
보고 싶었다

가로등은 땅의 가지였다
그가 첫발을 내디딘 허공에 바람이 불었을까
그는 다다를 곳을 미리 알고 있었을까

바람의 몸에서 거미줄이 돋기 시작했다
달에서 내려온 거미줄은
목련의 어깨를 흔들고 있었다
바람과 달빛이 연결된 자시(子時)를 잡고
떠나간 사람들의 소름이
송알송알 솟아나는 순간이었다

곧 문 닫을 시장에서

사랑은 했을 것이다, 아니
사랑하지 않았을 것이다

아내와 시장에서
또 다른 부부를 만났다

우리는 모두 장을 보고 있다
서로 다른 바구니에 서로 다른 물건을 담는다

아직도 시장은 읽을 만한 고전이다
삶과 세상을 요약한 요약본이다

사랑한다, 아니
사랑하지 않는다

이제 조금 있으면
이 시장도 문을 닫을 것이다

김동수
한국문인협회 상주지부 사무국장

할머니의 다리 외 5편

김숙자

아이구, 다리야
할머니가 끙끙 앓으시며
절뚝, 절뚝
휘어청 굽은 허리 앞세우고
절뚝, 절뚝

칠십오 세의 다리,
농사 지어 육남매 잘 키우신
옥수수, 고구마, 감자 먹으라고
갖다주시던 다리

튼튼하신 다리
새다리 되셨네

가족사진

엄마가 아빠 머리 빗겨주고,
누나가 동생 옷 챙겨 주고
딸이 엄마 화장 고쳐 주고

자, 여기 보세요, 웃으세요

엄마가 웃어, 일 더하기 일은 이~
아빠가 이런 사진을 웃는 게 아니야
엄마는 그래도 난 웃을 거야, 이~
아들딸들이 피식, 아빠도 피식
웃는다

찰칵,
액자 속에서
가족이 웃는다
피식 더하기 이는
피식이~

십삼 년 전에 찍은
둘째가 빠진 사진만 보면
허전했는데

다섯 식구 함께 한 자리
한 마음으로
힘이 되어주는 가족

오이

끈에 묶인 오이가 있다
누렇다
묶인 끈 자리,
푹 패인 상처가 있다

왜 묶었느냐고
떠나지도 않고
묻지도 않고
그 자리를 지켜 준
그가 머문 자리
황금빛이다

경천대(擎天臺)의 벚꽃

벚나무 가지마다 옹기종기

꽃봉오리 토옥 터진다
흰 꽃 날개를 편다, 춤을 춘다
빙글빙글
천하 대장군, 지하 여장군, 정기룡 장군,
우담 채득기 선생의 장승,
무우정, 경천대, 전망대, 활공장,
회상 뜰, 낙동강, 물레방아에
사알짝 앉았다가 다시 난다
낮게, 높게, 멀리 난다.
하늘에 계신 아버지,
딸의 근무지 경천대를
흰 꽃 날개 펴고
보고픈 딸 만나려 오셨다 떠나신다

잔소리

"빨리 일어나라, 이불 개라, 물 먹어라, 공부해라, 전기 꺼라
세수해라, 컴퓨터 하지 마라, 휴지 버리지 마라"
엄마는 나를 보면 왜 그럴까
"늦게 일어나라, 이불 개지 마라, 세수 하지 마라
컴퓨터 해라, 공부하지 마라, 휴지 버려라, 전기 끄지 마라"
이래도 싫고
저래도 싫은 건 참 이상하다
엄마의 잔소리

냉이

냉이가 고개 내민다
고구마 캔 빈 자리를 메꾼다
다닥 다닥 붙은그들
콕콕 호미로 캔다
이쪽저쪽 뒤로 앞으로
내 바구니에 쏘옥
엄마 보자기에 쏘옥
엄마는 냉이를 시장에 판다
"냉이 사이소, 한 무데기에 300원"
엄마는 냉이 팔아 딸래미 오뎅을 사주신다
엄마는 안드신다, 점심도
안 드셨으면서 배 부르시다 하신다

김숙자
한국문인협회 상주지부 회원

폐허의 집 외 2편

김연복

"계십니까?"
큰 여행가방을 든
행인이 문을 두드린다
"계세요?"

거듭되는 노크에도
귀에 익은 인간의 목소리는 들리지 않고
회색의 차가운 그림자만이
방 안에서 움직이며 묻는다
"그대 뉘시오, 누가 문을 두드려요?
여기는 그대를 기억하거나
알아볼 사람은 아무도 없소이다"

"바로 하루 전 나는 이 집의 주인이었소
그런데도 나를 알아볼 사람이 없단 말이오?"

"하루라니, 당신이 말하는 하루가
하나님이 세상을 창조하신
그런 하루란 말이오?
그대를 기억하는 사람은
여기에는 아무도 없소
허나 그대가 들어오는 것을
막으려는 사람또한 아무도 없소
들어오구려, 들어오려면!"

A Deserted House

"Anybody in?"
A visitor knocks at the door.
A visitor with a big suit case;
"Is anybody in?"

Yet still there's no
Reply; just a
Big shadow—
Some one cold and gray
Moving about inside, asking,
"Who are you, knocking at the door?
No one here remembers,
No one recognizes you."

"Just one day ago
I was the master of this house,
And you say no one remembers me?"

"Just one day? Do you mean the same
One day in which God made the earth?
No one hear remembers you. Still
No one's against your coming in;
Come in you may."

이상한 관광 안내

– 미륵사지를 지나며

그냥 지나가라 이곳을,
그대 바쁜 은마를 세우지 말라

세워서
수천년 풍우에 마멸된
이상한 얼굴들을 쳐다보거나
떨어져 나간 입에서 나오는
소리를 들으려 하지 말라

그냥 그대로 가던 길을 재촉하라
수백만 갈대밭 병졸들의
사타구니 사이로
울려나오는
적막한 저 궁중 음악에
귀를 주지 말라

그래도 끝내 가보시겠다고?
그렇다면 그냥 주마간산격으로
입구에서만 슬쩍 둘러보시고
더 깊이 들어가지는 말아요
수천년전 마의 궁궐 안마당으로
떨어져
다시는 돌아오지 못할지도 모르니

A Strange Tourist Guide

Just pass by and don' t you stop
Your busy silver horse here,

Don' t stop to read the strange faces
Of those human figurines
Or hear their earnest stories through
Those thousand year,
Rain-erased mouths.

Just hurry your
Silver horse away
And don' t give ear
To the silent royal music
Whispering through the
Millions of white headed, reed soldiers;

yet still, if you
Persist and go there against advice
Go there with shallow eyes and ears
And never stray far from the entrance.
There is a strange
Power of magic waiting to trap you,
Down in a forgotten royal court,
From a thousand years ago.

유년(幼年)의 감나무 아래서

한 곳에 물끄러미 오래 서서
보이지 않는 시간의 손이
역사하고 있는 것을 보고 있노라면
참으로 흥미진진하다

처음에는 과원의 아주 예린 나무들의
잎새를 어루만지는 바람의 손짓이다가
다음엔 언덕 위의 참나무 숲에 더 큰
초록의 물결 헤집다가 더더욱 높이

창공을 솟아올라 거대한 돌개바람으로
휘돌다가 바야흐르 저 너머 별들의 대해(大海),
무수한 성운(星雲)들의 깊디깊은 소용돌이 돌리어
무수한 행성들을 움직이듯

사색인의 깨달음의 순간에
일어서는 이 모든 것들, 대지에
새 옷을 갈아입히고, 뭇 지점,
뭇 인간의 이름들을 바꾸고……

그러나 시간이여
내 이름은 바꾸지 않으셨구료
이 푸른 꿈의 연못에서
멱 감고 있는 나는 아직도 소년

Back in my Boyhood' s Persimmon Shade

Standing in one place for a long time
And seeing how Time' s invisible hand works
Is interesting, very interesting;
And how that magic hand works

At first by creating the soft breaths
Of newborn winds in the fresh green
Sprouts of the orchard' s saplings
Then, the bigger waves of green

In the greater oaks on the hill
And, then, the huge swirls of higher air;
At last turning the deep vortices
Of the numerous nebulas in the

Starry ocean– with those innumerable
Planets following them, thus changing
The clothes of all the lands on earth
And the names of places and those

Of human beings…… all this in a thinker' s
Awakened moment. But, oh, Time,
You did not change my name– I am still
A boy bathing in this green pool of dreams.

김연복

경북 상주 생. 중등학교 교장 역임(교직 43년 봉직)
명예인간학박사, 국제문인협회(IWA)
한국문인협회 외국문학(번역)분과 회장 역임
창작 영시집 『Lost Landscape(잃어버린 풍경)』 외 6권
황조근정훈장, 미국 월트 휘트먼 시협상(1986), 경상북도 문화상 문학부문(2004), 월간문학 동리상 번역부문(2004), 경상북도 문화상 문학분과(2004), 대구 펜 아카데미상(2005) 외 다수 수상

길 외 4편

박두순

밟혀야
비로소 길이 된다
밟히지 않은 길은 잡초에 뒤덮인다
발자국에 덮여야 비로소 길이 된다

밟힌다는 거
서로 마음으로 당겨 오가는 발길이다

내가 너에게로 가는 발자국으로
길 열리지
네가 나에게로 오는 발자국으로
길 열리지

친구라는 길
연인이라는 길
어머니라는 길
아내라는 길
다 밟고 밟힌 길이다

마음 읽기

지하철 안에서
시를 읽고 있었다
노인이 허리를 구부리고 들어섰다
모른 체 하려다가 일어섰다
시 한 줄 읽기보다
마음 한 줄
더 읽기로 했다

밀토시디움병

난잎 끝이 말라 있었다
잘라 주려다 그만두었다
앓고 있는 것도
그의 모습이니

병도 삶의 한 자락
그 고비 넘기고 있을 터이니

혹 마음병을 앓고 있을지도 모를 일이니
칼로 잘라낼 일은 아니다

초침

아주 분명한 성격이다
또박또박 걸음을 내딛는
셈이 분명하다
빨리 걸음하고도
어디로 걸어가고 있는지
분명하게 보여 준다
흐리멍텅함이 뒤섞인 세상에 대해
매우 냉정한 자세를 취하고
한 걸음 한 걸음을 분명하게 떼어 놓는다

경청

어느 기자가 노벨평화상을 받은
마더 테레사 수녀에게 물었다
–수녀님은 무어라고 기도하십니까?
수녀가 조용히 대답했다
–저는 말씀을 듣습니다
기자가 의아해 다시 물었다
–그러면 하느님은 무어라고 말씀하십니까?
수녀가 대답했다
–그 분도 듣습니다

박두순

1977년 〈아동문학평론〉 동시 신인상, 〈자유문학〉 시부 신인상 당선
동시집 『나도 별이다』, 『들꽃』 등 10권과 시집 『행복 강의』 등 2권 펴냄
대한민국문학상, 소천아동문학상, 한국아동문학상, 방정환문학상, 월간문학 동리상 수상
현재 국제펜클럽 한국본부, 한국현대시인협회 부이사장, 계간지 〈오늘의 동시문학〉 주간

추억

박영애

노오란 옥수수 빵도 죽도
주전자 우유도
줄서서 받아 먹었다.
한창 먹고 커야 할 어린 나이에……

양은 도시락에 꽁보리밥
고추장만 옆구리에 한 숟갈
흔들어 먹으면
빨간 비빔밥
그래도 배불리 먹어봤으면

우유가 몇 개씩 남아돌아
버린다는 소식
먹을게 흔하디 흔한 세월
아까운 줄도 모르고

그 시절 이야기하면
카드로 사면되고
식당가서 먹으면 된단다
쉰여든 이 나이면
대부분 겪어 보았을
아련한 추억들

박영애
한국문인협회 상주지부 회원

아버지의 성(城) 외 4편

박찬선

아버지는 지금도 성을 쌓고 계십니다
아버지의 성은 돌로 쌓은 성보다 튼튼합니다
보이지 않는 손으로 쌓은 성은
날이 갈수록 단단해집니다
성이 많은 고을 성안에서 한 층 한 층 성을 쌓습니다
비 오는 날 한석봉의 천자문을
한 자 한 자 짚으면서 가르쳐주신 훈장으로
자취하며 일주일의 양식을 가지러 온 날
고추장 양념으로 버무린 돼지고기를
숯불을 피워 석쇠에 구워주신 요리사로
곤한 잠 깨운 이른 새벽
어두운 길 열어주신 큰 기침으로
가난을 구슬땀으로 기워 주신
추수한 뒤의 가득 찬 뒤주로
무거운 말씀 같은 든든한 아버지의 성
비바람을 막아주신 아버지의 성은 높아만 갑니다
세월이 흐를수록 높아만 갑니다

중소리(中所里)*

– 상주(尙州)·210

입춘 지나 날씨가 풀린 날
산과 물로 둘러싸인 중소리에 갔었네
동화 같은 마을에는 저녁연기가 피어오르고
이따금 개 짖는 소리 메아리로 돌아왔네
산비탈 음지에는 흰 눈이 듬성듬성 쌓였고
물소리가 솔바람소리로 길게 이어졌네
반달 같은 염소목길로 오르면
삭발한 민둥산 비탈에는 소나무 몇 그루 뿐
산은 속살을 드러내고 활짝 열려 있는데
숲속 외딴 집에는 문이 굳게 잠겨 있네
버들강아지 도톰하게 물오르는 개울
수정같이 맑은 물은 자갈과 모래를 잠재우며
잿빛 바위를 감싸며 흐르고
남은 얼음 밑에는 가랑잎이 발그레 웃고 있네
뒷창이 빠진 신 한 짝 자갈들과 어울려 있고
들어갈수록 나란히 굽이친 산과 산
가슴골 같은 그 사이로 물길을 내어준
빙 돌아서 느리게 흐르라고 물길을 틔어준
중소리는 이른 봄소리가 솟는 곳
꿈길 같은 물길이 비단길을 이룬 곳
몰래 산과 물이 어울려 아름다운
돌아보며 살고 다시 돌아보게 하는 중소리
오목눈이 앞질러 갈대숲으로 드는 저녁 무렵
못 다한 마음 추스르며
소걸음 걷듯 비지재를 넘었네

*중소리: 상주시 공검면 중소리. 이안천이 흐르고 있음.

꿈꾸는 손
– 상주(尙州)·215

꿈꾸는 손이 있습니다
반짝반짝 빛나는 코며 튼튼한 밑창을 다듬는

아래로만 내려앉는 어두운 침묵과
누렇게 시든 들판을 거쳐 온 목 쉰 바람도 재우며
덕지덕지 앉은 먼지의 고통을
햇살처럼 밝게 치유하는 손이 있습니다

늘 낮게 몸 낮춘 저자길 붐비는 길목에서
험한 길 부대끼며 살아온
터진 옆구리의 이력을 꿰매고
삶의 비탈을 걸어온 밑창을 갈아 줍니다

닿지 않는 곳이 없는 육신의 배
갈아타며 망아지 젖 떼듯 매몰차게 팽개치는
짓눌려온 소멸의 아픈 조각이 쌓입니다

진흙밭 젖은 역한 냄새나
어렵게 파낸 갱구의 돌덩이에 찢긴 상처 다독이며
사라짐으로써 살아나는 삶의 도리를 익힙니다

진종일 햇살 가려주는 양산 뒤에 웅크리고 앉아
바쁘고 적적한 시간 위안이 되는
초롱이와 다롱이 모녀가 지켜주는
반짝이는 사랑의 눈빛

밑 일이 실해야 밝아오는 높은 하늘 길
'여쭈어 봐야지요 무엇하고 계시는가' 를
못 잊는 사랑의 말씀이 실밥으로 박힙니다

몹시 찬 세상에 따뜻한 손이 있습니다
날마다 사는 길 편한 발이 되는
걷기 좋은 건강한 세상이 되는

시인의 말

한 가지 일에 몰두해서 열심히 일하는 모습은 참 아름답습니다. 시내 삼강당 약국 옆에는 낮게 앉아서 일하시는 아주머니가 계십니다. 십 년이 넘도록 하루같이 해온 닦고, 갈고, 깁고, 붙이는 일이 손에 익었습니다. 낮은 곳에 임하면서 높은 하늘을 받드는 일. 두 아들 학교 시키고 생계를 꾸려왔습니다.
햇빛 가리개 양산 아래 벌어진 사이를 박아주는 앉은뱅이 재봉틀을 앞에 두고 갖가지 소도구들과 함께 있는 초롱이와 다롱이. 이들은 모녀 사이로 아주 머니와 일과를 같이하는 아주 작고 예쁜 개들입니다. 두 마리의 개가 진종일 아주머니를 지켜주며 바쁘고 무료한 시간을 함께 보냅니다. 나올 때 싸가지고 나온 점심도 같이 먹으며, 오고 가는 분들 고맙다는 눈빛도 보내며 하루를 보냅니다.
삐뚤게 닳은 뒤창, 벌어진 밑바닥, 떨어진 굽, 쌓인 먼지…… 바로 서게 하고, 밝아오게 하고, 새롭게 하는 청결과 교정의 귀한 손. 아주머니의 손이 닿으면 즐거운 길이 열립니다. 행복한 시간이 펼쳐집니다.

옥연사(玉淵祠)*에서

– 상주(尙州)·216

시를 따라 뒤늦게 시를 생각하며 왔습니다
유배지 진도에서의 19년
시는 파도처럼 밀려왔습니다

외따론 섬에서 눈물과 한숨을 삼키면서도
궁벽했던 피란길에서도
화톳불을 돌보듯 정화수를 떠놓듯
시를 놓지 않고 말을 닦는 집을 지켰으니

소나무가 바위틈에 위태롭게 살듯
시는 아스라한 벼랑에 있었습니다
눈빛의 칼날이 무섭지 않았습니다

시혼은 한 겨울 붉은 동백꽃으로 피고
억겁 세월 반질반질 몽돌로 닳아
밤낮없이 읊은 이 천을 넘긴 시경(詩經)

시가 파도소리로 지새운 변방의 밤을 지켜주었고
악몽의 늪에서 허우적거릴 때
든든한 지팡이가 되어 주었습니다
시가 하나의 믿음이 된
사는 일의 위안으로 성스러운 힘이 된

오월 감나무가 다투어 초록의 시를 피우는
화령재 너머 사산리
서성이며 정자 이 기둥 저 기둥에 기대어 보듯이*

오늘 내가 그렇게 하면
유월의 산하에 푸른 물살이 밀려옵니다

* 옥연사: 옥연사는 상주시 화서면 사산리 238번지 경상북도지정 문화재 자료 제179호(1986년 12월 11일 지정)로 조선 중기 문신인 소재(穌齋) 노수신(盧守愼, 1515~1590) 선생의 덕을 추모하기 위해 세운 사당이다. 야산의 아래쪽에 강당이 있고 그 뒤쪽에 오현영각(五賢影閣)과 선생을 모신 불천위사당(不遷位祠堂)이 나란히 있다. 사내에는 선생이 조부인 노후(盧珝)와 부친인 노홍(盧鴻)의 행적에 관한 신도비가 있는데 비문 글씨는 한석봉이 썼다.
 소재선생은 중종 38년(1543) 문과 초시를 비롯하여 회시와 전시에 모두 급제하였으며 1595년 영의정까지 오른 명신이다. 33세 되던 해인 1547년 진도로 유배 갔다가 선조가 즉위한 1567년 8월, 쉰 두 살에 진도에서 나왔다. 38세 되던 해 11월에 읍의 성벽 너머 서쪽 마을로 거처를 옮겼는데 초가를 짓고 거기에 소재(穌齋)라는 편액을 걸었다.
 '내가 내 책을 읽으니 병에서 깬 듯하다(我讀我書 如兵得穌)' 는 주자의 글에서 따온 것이다. 독서의 즐거움이나 독서로 인한 의식의 각성을 의미하지만 유배지에서 좌절하지 말자는 암시이기도 하다.
 『어우야담(於于野談)』을 지은 유몽인(柳夢寅)은 사람이 어떤 일을 할 때는 19년을 기한으로 잡아야 한다고 했다. 진도에서 19년을 머물며 독서하고 재기를 꿈꾼 소재선생을 인생의 스승으로 삼으라는 뜻이다.
 논어와 시경을 2천 번이나 넘게 읽은 빼어난 독서가로, 굴곡진 삶을 시로 읊은 조선의 두보로 알려진 소재선생의 학문과 시혼을 기린다.
* 소재의 시, 「13일 벽정에 도착하여 사람을 기다리다(十三日到碧亭待人)」의 4행 의 편진루팔구영(倚遍津樓八九楹)에서 따옴.

낙동대감(洛東大監)* 이야기

– 낙동강·18

한 노인이 삿갓을 쓰고 강가에서 낚시를 하고 있었습니다. 그때 강 건너 편에서 부르는 소리가 들렸습니다. "여보게, 영감.", "왜 그러시오?", "여기 와서 강 좀 건너 주게.", "예, 그러지요." 부르는 사람은 열대여섯 살 됨직한 초립동이었습니다. 노인은 선뜻 일어나 얕은 쪽으로 강을 건너와서 초립동을 업었습니다. "자, 꽉 붙잡으시오, 떨어지지 않게." 멋모르는 초립동은 노인의 등에 업혀 강을 건너기 시작했습니다. 강 중간쯤 왔을 무렵 마침 지나가던 동리사람이 이 모습을 보고 호통을 쳤습니다. "네 이놈 감히 대감 등에 업혀 강을 건너다니……. 냉큼 내리지 못할까!" 고함소리에 놀란 초립동은 기겁을 했습니다. "아이고, 대감님 어서 내려주십시오. 소인이 죽을죄를 지었습니다." 초립동은 발버둥을 치며 내려달라고 애원했습니다. 노인은 몸을 가누기가 힘들었습니다. 자칫하면 두 사람이 다 물에 빠질 지경이었습니다. 그 때 노인은 "가만히 계십시오. 고함치는 저 사람은 미친 사람이니 상관 마십시오."라고 이릅니다. 그제야 초립동은 안심이 되는 듯 조용히 업혀 강을 건넜습니다. "혹시 낙동대감의 집이 어딘지 아시오?", "대감 댁은 왜 찾소?", "내가 과거를 보러 가는 길인데 어른께서 상주를 지나거든 낙동대감을 찾아뵙고 인사를 드리고 가라기에 그렇소." 길을 가리켜 준 노인은 낚시질을 하다가 해질 무렵 집으로 돌아왔습니다. 마루에 앉아 대감을 기다리고 있던 초립동은 들어오는 노인을 보고 그만 혼비백산 눈앞이 캄캄해졌습니다. "그대는 누구인고?" 대감은 시침을 떼고 물었습니다. "강가에서 대감을 몰라 뵙고 방자하게 굴었으니 그 벌을 무엇으로 받아야 하올지……." 안절부절 어찌할 바를 모르는 초립동에게 "어서 들어가세. 사람이 잘못을 뉘우칠 줄 모르면 모르되 잘못을 뉘우칠 줄 알면 큰 죄도 아닐세." 대감은 마당에 넙치처럼 엎드린 초립동을 일으켜 세웠습니다. 그런 뒤에 고개를 숙이고 서 있는 초립동의 등을 톡톡 두

들겨 주었습니다. 낙동강에 노을이 붉게 타고 있었습니다.

* 낙파(洛坡) 류후조(柳厚祚, 1798~1875): 서애 류성룡의 8대손으로 강고 류심춘의 맏아들이다. 정조 22년 상주시 중동면 우천에서 류효조(동덕랑)와 쌍둥이로 태어남. 1837년 헌종 3년 40세에 사마시(司馬試)에 급제. 1858년 철종 9년 문과정시에 급제, 69세에 우의정에 오름. 그해 3월 왕비책봉의 가례주청사(嘉禮奏請使)로 명나라 수도인 연경(현 북경)에 갔다가 8월에 돌아왔는데 이때 자제군관(子弟軍官)으로 조카 류인목이 수행하여 「북행가(北行歌)」 가사를 남겼다. 이듬해 5월 좌의정에 7월에 판중추부사(判中樞府事)에 오름. 1875년 고종12년 12월 우천에서 일생을 마침, 향년 78세. 40년 가까운 관리생활, 장수를 누려서 복덕재상(福德宰相)이라 불리거나, 찾아오는 후학을 위해 낙동에서 생활해서 낙동대감이라 부름. 저서로 『성학양정편(聖學養正篇)』, 『낙파선생문집』.(참고 『우천사백년(愚川四百年)』 류시찬 편저)

박찬선

경북 상주 출생. 현대시학 추천(1976)
문협경북지회장, 펜클럽경북지역위원회장 역임. 현 한국시인협회 기획위원, 한국문인협회 상벌위원, 현대불교문인협회 자문위원
대한민국향토문학상(2007), 이은상문학상(2013) 수상
시집 『돌담 쌓기』, 『尙州』 외

목포에서 외 4편

신동한

눈물의 도시에 가서
질금거리는 바다의 눈물을 보았네
흩날리는 눈발 속
겨울 유달산은 수묵으로 누웠고
어깨 기우뚱 젖고 있는 삼학도
옷섶 잠깐 열었다 돌아서는
항구란 본래 그런 곳
세발낙지 소주잔 거듭 기울여도
육자배기 목청 뽑는 인심도 없고
어리숙한 뒷모습
낯익은 누구 없을까
질척이는 선창을 서성거리며
옷섶의 옷섶 열었다 채웠지만
부여잡는 손길 만날 수 없네
난영과 인수*가 나란히 가던 길
눈물의 항구에 가서
도리 없이 바다의 눈물만 보았다

*난영, 인수: 부부 가수

당신

종종 걸음 손에 물건 놓고 나면 언제 그랬냐는 듯
한 평생 갈 것 같던 청초한 모습 어디 갔나
왜 저리 왜소할까 거울 보는 뒷모습

임플란트 많이 하면 기억력이 줄어든대
당신도 내 나이 돼 봐 명치끝에 걸린 소리
당신 없으면 늘 불안한 못난 남편 곁에 있소

어머니의 털신

댓돌 위 낡은 털신 먼 길을 휘돌아와 헤지고
지친 모습 구부정한 시간 보며
명치끝 오목가슴 뜨겁게 아려온다

뽀얀 먼지 털어내자 드러나는 잔주름살
걸어 온 거리만큼 얇아진 한 생을 보며
여정을 마친 표정이 한지처럼 따스했다

새 털신 사드리면 언제 다시 닳아질까
굽은 허리 시린 무릎 유모차를 앞세워도
진흙 속 연꽃처럼 연년세세 피오소서

겨울 연서

밤사이 내린 눈이
먼 산경을 끌고 와서

청자빛 하늘 한쪽
반반하게 닦아 놓고

동백꽃 터지는 소리에
귀를 붕붕 먹게 한다

산무지개 밟는 그리움
올 이도 없는 기다림인데

물 머금은 까치 소리에
가슴 마냥 설레어

정갈한 냉수 한 사발로
시린 속을 가셔 보다

풍경(風磬)

산여울 물소리 물안개로 실어와
무수한 낮과 밤 기다리며 눈이 먼다

청정한 맹세 하나 바람 곁에 걸어두고
수시로 가슴 치며 가만가만 울어보면

천만겁 업을 지어 쇠가슴에 담아두고
만등(卍燈)이 꺼진 산 혼자서 우는 아픔

신동한

경북 상주 출생
〈실천문학〉으로 작품 활동
시집 『새재에 내리는 눈』 등

쉼표 외 2편

이미령

물리치료실에
저마다 아픈 상처 끌어안고 누워있다
치익푹 치익푹
무표정한 기계가 숨을 불어넣는다
혹사 시킨 다리와 발바닥에
고온의 찜질을 붙이고 영혼을 누인다
잠보다 편안하다
육신은 여기저기 아우성치는데
모른 채 돌아누워 딴청을 피운다
여기저기 안부전화를 여기 와서 하게 되다니
귀를 붙들고 다리를 뻗는
한나절

시장순대 국밥집

풍물시장 귀퉁이
장날이면 모처럼 나오시는 시골 할배들 아지트다
제각각 다른 의자 옆엔 장 본 물건들이 즐비하다
낫, 갈고리, 햇고추, 동태, 장화……
주인장, 국밥 두 그릇에 막걸리 두 잔만 주소
새댁, 순대 이천 원어치에 소주 반병만 주소
재촉하지 말라는 주인 할매 호통에 노인들 헛기침을 한다
굴티재 너머 사는 팔용 영감이 간암 말기라는구만
인평 김 이장네 그 필리핀 며느리가 기어이 집을 나갔대요
시장 선거가 내년 몇 월이여?
열 평 남짓 좁은 공간에 이야기꽃물 붉으레 번진다
스물아홉에 홀로 된 국밥집 할매
딸 셋 키워내느라 눈물 섞인 국밥을 얼마나 말아냈던가
허리는 점점 호미처럼 구부러져 가지만
서방 같은 국밥솥을 쉬이 떠나지 못한다

상주 장날
서녘 하늘 노을이 국밥으로 뚝뚝 떨어진다

간지럽다

바람 앞에 두 팔 활짝 벌린 사과나무

주렁주렁 매달린 새빨간 젖가슴을

은빛 손가락 가을 햇살이

더듬고 있네

단내 지분대며 반지르르 윤기나도록

만져주고 있네

이미령

경북 상주 출생
〈상주문학〉으로 작품 활동

배탈 외 4편

이승진

길을 걷다가
은행나무 향기를 맡는다
백화점 엘리베이터에서 잠시 만났던
이국의 비싼 향수
속이 불편한 가을이 볼일을 보고 있다
배탈의 때가 왔다
청춘을 앓던 노란 길이 어두워진다

까스명수가 필요한 가을이다

후라이팬에 청춘의 호일을 깔고 너는
냄새나는 세월이나 까먹으며 살아라했지
그래 네가 떠나던 날도 오늘처럼 가을이 지고 있었어

네가 떠난 길마다 어김없이 구린내가 난다
길은 모두 배탈이다

너무 이른 가을이 배달되었고
은행은 노란 얼굴로 흔들리고 있었다
밤이 늦었는데 노란 달이 뜬다
달에서도 그 향기가 난다, 배탈이다

슬며시 그냥

사각사각
제 식구 먹여 살리려고 한밤중 오소리가
어둔 길을 내는 소리
길을 내어주며 풀이 허리를 굽히고 있다

사람들이 욕심의 길을 내자
산은 슬며시 상처를 내어주고 말았다
구절산
베인 자국에 슬며시 불이 붙는다
그 상처 못내 아파
지나가던 계절이 구절초를 심었었지
구절초가 핀다고 구구절절 바람은 불고
그대 무심히 불어가는 길
구절초 마디마디 피고 지는 얼굴들
가을이 슬며시 그대에게 가는 길을 내어주고 있었다

하늘나라 개미궁전

하늘에 궁전이 푸르다
상주교회와 하이마트 사이 잡초 더미 위에
누가 버린 종이컵 커피 잔 공중에 떠 있다
버림을 당할 때 하늘처럼 울었을 것이다
저 얼룩의 나라
그 계곡 남아있는 하늘 커피를 먹기 위하여
한 떼의 개미가 왕국을 건설했다
커피 한 잔을 시켜놓고
오지 않는 그대를 기다려보았냐며
꿀꺽 꿀꺽 목마름을 가르치는 소리
눈물을 가르치는 소리
달고 단 말씀이 된 얼굴
절묘한 버려짐의 각도를 이해하는 개미는
오늘 저 높은 궁전을 허락받았다

나 언제 한 번 저렇게 높이 올라
막연한 하늘 한 번 걸어볼 수 있을까?
하늘나라 개미 궁전 커피 축제

대한 예수교 장로회 상주교회에
사람들 웅성웅성 모여드는 일요일 오전이었다

나도 개구리

개구리 노래 부른다. 비가 오면 습기 때문에 기운이 나고 즐겁게 노래 부르는 개구리. 그 기상학적 사실 때문에 노래방에 가 개구리가 되는 사람들이 있었다. 가서 울어본 봄이 있었다. 짝짓기 무렵이면 그 소리가 더욱 요란스럽게 들리는데. 새벽이면 볼륨 높이고 괴성도 지르는 나도 개구리 무대. 사랑이라는 말이 너무 시끄러워 여름밤은 점점 혀가 짧아지는 개구리가 되고 있었다.

개구리 운다. 냇가에 묻어 둔 어머니 걱정으로 혹은 두고 온 사랑이 비에 젖어 우는 개구리. 비 오는 밤이면 아스팔트로 튀어 올라 어디론가 떠나고 싶다며 간절히 차를 세우던 개구리……. 단 한 놈도 차를 세워 태워주는 사람 본 적 없지만. 잘 있거라. 인간들아. 우리에게 지구는 아직 평평하였음으로 몇몇은 납작한 평면의 개구리가 되어주었다. 다시는 튀지 않는 개구리가 되어주었다. 그래도 남은 개구리는 울어야겠지. 묻어둔 전설을 다시 묻으며 울던 개구리. 그리움이 개구리가 되어도 우는 개구리. 그해 여름 퍽 오래 엎드려 울어야 했던 나도.

낙엽 시들었다

저 안에 정말 푸른 시가 들어있을까?

가볍다, 군두더기가 없다
너무 가볍다, 종아리가 손목처럼 가늘다
아무리 들여다보아도 봄은 보이지 않는다
어머니는 창문에서도 자꾸 보이지 않는 말이 들린다고 했다

다만 미음 한 숟갈 들 수 있는 힘
그래도 어머니는 흔들리는 문풍지를 곧추 세우며
아들 다니는 학교에서 키운다는
폐계와 폐계 속의 아들을 향하여 푸른 모이를 자꾸 뿌렸다
나는 흘리는 말씀만 주어 적었다
이제는 손에서도 마른 낙엽 소리가 난다
계절풍에 날아갈지 모르는
여기까지 오는 길에 너무 깊었던 사랑
아들에게
앓아눕는 낙엽이라도 가르치기 위해
쓰러지는 낙법이라도 가르치기 위해
몇 번이었던가
멍든 상처가 시라는 것을
벌레 먹은 자국은 모두 시라는 것을
가벼워지는 일이 시라는 것을
나무에서 떨어지며 멀어지며
앓아눕는 일이 이렇게 아픈 시라는 것을

가야 할 곳 멀어

어머니, 마른 종아리에 푸른 시를 심었다
앓아누운 낙엽에서 시가 새고 있다
낙엽 시들었다

이승진

경북 상주 출생
시집『사랑 박물관』

빛으로 짓는 우주의 상형문자 외 4편

이창한

해 거름 되면
슬그머니 기지개를 펴는
거미
골짜기에 스며드는
연하고 짧은 빛을 모은다

마디가 사납고 거친 다리로
엉켜 있는 여러 가닥의 빛을
앞발로 돌려가며 하늘이 보이도록
순서에 따라
우주의 상형문자를 그려 나간다

가운데에 모인 출렁이는 원점으로 시작하여
힘닿는 곳까지 여린 빛을 토해내어
남실남실 생명의 상형문자를 무늬로 짓고

어둑하고 은밀한 곳
바람의 반대편에서
수척한 몸을 감추고 있다

세월

하늘에 가두어진 계절이
잠시 모든 것을 소리로 부를 때
그냥 두어도 잘 익어 향기로 터져 나오는
열매의 균열 사이로
색 붉은 물로 조금씩 스며 나오고

안으로 익어 참느라 가슴 아픈 지난시간
함성으로 새떼 되어 터져 나오는
갈색무리 날갯짓으로
흩어지는 들판

여울져 새까맣게 말라붙은
물대는 곳 마다
까끄럽게 긴 수염 달고, 가시 달고
말라가는 생명들

쉬고 싶은 표정으로 처연히 내려앉아
들녘은 순간 순간 멈추는 게으름이 널려있다

세월 따라 소풍가듯
가볍게 나서는 발걸음

세상 살면서 생각하면서
– 스케치

1
9월
양철지붕이
여름동안 달궈진 등판을
소나기에 내밀고
등목을 하고 있다

비 맞은 장닭이
후두둑 털어내는 조을음

2
강물은 비를 맞고
번질번질 윤기가 난다

물아래
온몸이 젖은
입 큰 고기들……

3
세월에 얹혀 살아가고 있다
그냥 그대로
창밖에 꽃들이
서둘러 피었다가
먼데로부터 밀려오는 바람에
후루루 지고 지고

어제 핀 꽃들……

月下心

달은 휘영청
어두운 허공에 달아 놓은
나그네의 이정표
사위는 조용하고
좁혀지는 마음으로
얼굴을 마주한다

여보게 달도 밝은데
한잔 더 하세나
헤어지기 싫은 마음
휜하게 떠 있는
보름달을 핑계 삼아

나도 마찬가질세

정성 한 그릇

들상에 오롯한
비빔밥 한 그릇

화장기 없는 환한 미소로
바쁜가 보다

이것저것 맨손으로
있는 대로 다 섞어
햇살 빛나는 고추장 넣고
맨손으로 주물러
환한 잇몸 드러내며
내온 정성 한 그릇

비빔밥

그 속에
마음으로 화장한
맛있는 아내의
사랑 한 그릇

이창한

경북 상주 출생
〈문예사조〉로 등단

라노비아 외 2편

장원달

밤 세워
그리다
못 그린 그 이

해 밝아도
윤곽은
안개속에 잠겨있다

내 손 안에
잡힐듯 한데
너무 멀리 있어
도저히 그이 얼굴
그릴 수 없다

왜 웃는 모습 보이지 않을까
왜 우는 자태 떠오르지 않을까
왜 나는 밤낮없이
그이만 찾아 헤매고 있을까

혈액투석 마치게

하나님 은혜 주옵소서
지난밤에 하나님의 계시가 있어
성경 말씀에 〈초자연적 삶을 살아라〉
읽고 있는 중에 혈액투석을 이긴 사람의
이야기 있었습니다

우리 집 '박 권사' 님의 정성스러운 기도로
교회 100일 기도 기간에 주님의 안수로
혈액투석도 기타 병들도 낳게 해 주옵소서
음식도 조심하고 싱겁게 먹고
하나씩 하나씩 생활습관도 고치고
하나님의 은혜로 살게 하옵소서
혈액투석 마치게 하나님 은혜 베푸소서
온 가족의 기도 먼저 들어 주옵소서
온 교인의 100일 기도 소리 들어주옵소서

장모님 요양원에 모시고

우리 육남매 낳으시고
둘째놈 직장 잘 다니다가
당뇨로 시력 잃고
투병 중에도
믿음으로 늘 웃음 잃지않고 살다
아내와 딸 하나 이 세상에 두고
하늘나라에 가시고

장인님도 장모님 극진히 간병하다
3년 전 고향산천에 누우시고

홀로되신 장모님
남편이 하늘나라 가신지도 모른채
간병인과 온 가족의 간병으로 지내시며
자녀들의 생계로
집 가까이 있는 수락산 요양원에
2013년 8월 9일에 입소하신 장모님
자식들의 마음이 아려옵니다

사랑하는 장모님께
하나님께서 사랑해 주시길
간절히 기도 드립니다

장원달

경북 상주 출생
시집 『사랑은 꽃수레를 타고』, 『서로를 위하여』,
『어머니』 등

서울에도 많이 피었다고 웃으며 말했다 외 4편

조재학

전화를 받았다 이팝나무 꽃이 피었다는

차들이 질주하는 거리로 나왔다
이팝나무들이 퍼 담는
낙동강 맛 나는 하얀 밥에 김이 오르고 있다

편의점에서 요플레를 사서
바깥 의자에 앉는다
한 숟가락 입에 넣는 사이
바람이 꽃을 스치고 간다
먼저 왔던 꽃잎이 떠나고 있다

나무와 나무 사이 차들이 지나간다
지나간 것은 다시 오지 않을 것인가
꽃들이 제 몸을 흔들며 바람을 밀어낸다

나무를 따라 걷다가
국수집에 들어왔다
유리문으로
비둘기가 꽃잎 쪼는 것이 보인다

공중전화박스 옆의 나무가
현수막 줄에 묶여 기우뚱하다
꽃잎을 태운 자전거가 우두커니 서 있다

냄새의 이력

저것은,

어제의 것 오늘의 것
흙의 것, 구름의 것, 먼지의 것, 물의 것
뼈, 살, 피, 불, 빛, 눈물, 발톱, 바람, 이빨, 공기,
어둠, 고요, 그늘, 슬픔, 시절, 죽음, 직선, 곡선, 시간의 것,
저것,

모퉁이를 돌아 장미를 만질 때
둥근 돌을 밟아 미끄러질 때
산길을 걸어 반짝이는 굴참나무 숲에 들 때
구름을 뚫고 하늘 위를 오를 때
손가락처럼 발가락처럼 붙어 있는 저것,
흘러가는 것 새는 것 터지는 것 번지는 것,
너의 것 나의 것 자루 안의 것 자루 밖의 것

수수만년의
저것,

흔들리는 나무

은행잎이 노란 돗자리를 펼쳤다
누군가가 저 나무를 흔들었을 것이다
(어느 해던가 나무를 발로 차서 잎을 떨어뜨리고 있는
환경미화원의 새벽을 본 적 있다)
흔들면 흔들리는 나무
흔들면 잎을 떨어뜨리는 나무

흔들리는 마음이 펼쳐 놓은 노란 자리
모자 쓴 남자가 들어가고
아이 업은 여자가 들어가고
짐을 실은 자전거가 들어가고
빗물이 들어가고

도마뱀이 꼬리를 끊고 달아나는 계절

떨어진 잎에 내가 다 덮여도 좋을
허공을 굴러가는 바퀴가 다 보일 것 같은

놀이터에서 듣다

아이들은 돌아가고
빈 모래를 차며
그네에 앉아 몸을 흔들고 있었습니다

그때입니다
다그치는 여자의 갈라지는 목소리가
창밖으로 튀어 나옵니다

고함치는 여자의 말은 알 수 없으나
아이의 툭툭 끊기는 울음소리가
알 았어요 알 았어요 합니다

초록 잎 사이로 새 한 마리가 놉니다
소나무에서 단풍나무로
플라타너스에서 전나무로 느티나무로

새 소리가 하늘을 굴리는 듯 합니다

안 할게요 안 할게요 아이의 지친 울음
쉿내 나는 여자의 고함소리

등 뒤에서
안 할게요 안 할게요 아이울음이

장마

우산을 쓰고 간다
상도시장을 지나
여고생이 다리 꼬고 앉은 버스정류장을 지나
막 우산을 펴며 중년남자가 나오는 신한은행 건물을 지나
숭실대학교 앞을 지나
수연아! 부르는 그의 목소리를 지나
붉은 육교 봉천동 고개 지나
보도블록에 고인 빗물을 지나 횡단보도를 건넌다
다시 롯데시네마를 지나
넝쿨장미 두른 철망을 지나
수연아!
부르는 그의 목소리를 지나
벽화 그려진 담벼락을 지나
방음벽 오르는 담장이 무리를 지나
줄 지어 선 사철나무를 지나
서울둘레길 나무 팻말을 지나간다
다시 동물병원 팻말을 지나
수연아!
부르는 그의 목소리를 지나
내리막길을 지나
흰 망초꽃 무리를 지나
초록잎 무성한 목련나무를 지나
수연아! 부르는 그
목소리를 지나
흰 줄무늬 바위를 지나
수연아!

이 시대의 사랑을 지나
공항버스 푸른 입간판을
지나

조재학

경남 마산 출생
1998년 〈시대문학〉으로 등단
시집 『굴참나무의 사랑 이야기』, 『강 저 너머』 등

尙州文學

동시

고인선
김미양
김재수
박정우

발자국 외 1편

고인선

뿌옇게 흐려지는
유리알의 끝에선
군상들을
하나둘씩 풀어내고 만다

하늘을 깨우는
작은 꿈들이 영글고
아이들의 키대기엔
넉넉한 웃음이 묻어난다

어느새
우리네의 한숨과 고뇌는
삶의 무게를 더해만 가고
지울 수 없는
크고 작은 그림자만이
남게 되었다

멈춰 버린 심장의 고동소리를
바쁘게만 달려 온 시간의 터널을
오늘은
하나 하나
나만의 발자국으로 새겨 보리라

그래,
너의 발자국 속엔
새로운 미래가

또 다른 시작이 숨 쉬고 있으니까,

나는 봄빛의 따사로움을,
나는 빠알갛게 터뜨린 가을의 정을,
조금씩, 조금씩
찾게 될 거야

촛불마루

오늘도
하나의
촛불을 켭니다

하나둘씩
작은 웃음을 담아
부드럽게 우리들을 찾아옵니다

서른하나의 어린 친구들
동그란 손을 모아
즐겁게 공을 튕기며
'이 세상은 내 꺼야'
우렁찬 함성으로
밝은 내일을 약속하고

슬픈 마음, 기쁜 마음
웃는 마음, 우는 마음
유리알처럼 맑게 닦아
더 큰 사랑
만들어 가는 '나'를
세우고

따뜻한
웃음 속에
하얀 눈을 기다리는

우리들의 소망이 새겨지고

푸른 순을 닮고 싶어
고루고루
밝은 빛을 나누며
아름답게 세상을 비춰주네

고인선
함창중앙초등학교 교사
한국문인협회 상주지부 회원

마음 외 5편

김미양

솔바람이고 싶다
아빠의 휘어진 힘든 어깨에
엄마의 땀방울 뚝뚝 떨어지는 두 팔에
잠자는 아가의 미소 머금은 얼굴에

소녀 가장 꼭지

외톨이 꼭지는 친구들이 무섭다
공부 못 한다 흉봐서 어금니 꼭 깨물고
깨끗이 씻고 열심히 공부랑 친구했더니
선생님의 칭찬이란 덤은
친구들의 무서운 눈초리에 갈 곳을 몰라
아픈 강아지 마냥 땅만 보고 다닌다
넘어져 일어설 수 없을 아픔 앞에
언제나 토닥토닥 어깨 두드려 주시는 할머니
살며시 손잡으며 위로 해주는 짝지
마음에서 희망이란 꿈이 송글송글 매친다

궁금해

잠자고 있던 생각들이
알 깨나듯
톡톡 깨고 있다

씨앗은 왜
땅 속에 묻히면 싹이 날까

나팔꽃은 아침이면
활짝 피었다가
저녁이면
슬그머니 꽃을 오므릴까

달맞이꽃은 왜 해가지면
기지개를 펴고 일어날까

코에 물이 들어가면 따갑고 아린데
코끼리는 코로 물을 먹고
온 몸에 뿌릴 수 있을까

이상하다!

몇 점

오늘은 동그라미가 몇 개일까?
잔 반찬 없이 급식을 잘 먹었는지
공부하기 싫어 옆 친구 괴롭히진 않았는지
알림장 부모님께 잘 보여 드렸는지
약속한 오락게임 시간 약속은 지켰는지
일 학년 믿음이 손가락이 바쁘다, 바쁘다!

쌀뜨물

엄마는 쌀을 씻은 물을 받아 두신다

상추, 고추, 오이 목욕도 하고

된장뚝배기, 밥그릇, 국그릇,
세수하고 나오면
뽀도독 뽀도독 소리가 나도록
깨끗한 얼굴이 된다

이번에는 냄비에
북어가 들어가 잠을 청하네

맛있는 북엇국이 되려면 푹 잠을
자야 한다나!

자랑거리 많은데
오늘도 묵묵히 일만하는 쌀뜨물

눈 내린 날

오들오들
손이 시린 줄도 몰랐다

너무 많이 놀았나!

그래도 대문 앞에는
눈사람이 서서 웃고 있고

마당 가득 어지러운
친구와 벌인 눈싸움의 시간
환한 웃음들이
눈처럼 웃고 있다

김미양

경북 상주 출생
〈상주문학〉으로 작품 활동

청바지 외 5편

김재수

친구들 바지 자랑에
슬쩍 끼었다

어디서 샀느냐고
물었지만
아무 말 안했다

앉았다 일어나면
무릎이 나오고

자랑할 만한 상표도 없지만
알맞게 빛바랜 색깔
내 몸에 잘 맞는다

갈아입기 편하고
조심스럽지 않고
자주 빨아 입으니
늘 깨끗한데

엄마는 자꾸
미안하단다

석 장에 만 원
휴게소 표 청바지

전화

신호는 가는데 받지를 않는다
전화기를 두고 갔나?

하고 싶은 말
묻고 싶은 말
듣고 싶은 말
아직 많은데
어느 날 갑자기
떠난 너

밤하늘
별을 향해 눈웃음 주면
그 별도 금방 날 향해 웃어 주는데

네가 간 나라는
밤하늘보다 더 먼가 봐

010-3812-59##

언젠 올까
먼 나라에서 걸려올 전화 한 통
지우지 못해 남아 있는 번호

발가락

양말을 벗는데
발가락이 꼼지락 거린다
발가락도 이제야 허리를 편다

양말 속에서
신발 속에서
참 답답했겠지

발가락 사이에서
'확'
치미는 냄새

코를 막고 싶지만
꾹 꾹 만졌다

무거운 내 몸을 이고
고단한 하루를 말없이 버텨 준
내 발가락

애기똥풀

"네 이름이 뭐니?"
"애기똥풀"

"네 이름이 뭐냐고?"
"애기똥풀이라니까"

비탈진 그늘 아래
당당히 서서

노랗게 지천으로
웃으며 피는 꽃

고물 줍기

허리가 'ㄱ' 자인
할머니

삐걱거리는 녹슨 손수레 위에
빈 상자, 신문지, 빈 병……

할머니가 신은 헤어진 신발과 옷
찌든 머리 수건

헝클어진 머리카락과 주름진 얼굴도
손수레에 얹어 놓고 밀고 간다

"버리면 새것도 고물이지만
다시 쓰면 고물이 아니라니까……"

할머니 말씀 한 마디
개나리 환한 웃음 다발이 되어
손수레에 얹혀 간다

안개

안개는
못이긴 척
품고 있던 제 속을
조금씩 보여 준다

기다려도 보이지 않던
친구 모습도
천천히 보여 주고

학교길 고운 코스모스 꽃길
저만큼 운동장 입구
나를 기다리는 교문도 보여주고

먼 곳부터가 아니고
가까운 곳부터
못이긴 척
슬며시 보여 준다

김재수
경북 상주 출생
〈소년〉 동시 추천 완료
동시집 『낙서가 있는 골목』, 『농부와 풀꽃』
동화집 『사랑이 꽃피는 언덕』, 『하느님의 나들이』
산문집 『트임과 터짐』 등

꼬마 민들레야 외 4편

박정우

뼛속 깊이 사무치는 추운 겨울
모질게도 잘 견디고
교실 앞 화단 한 모퉁이에
샛노오란 웃음 하나 피웠구나

꽃샘바람 머뭇거리며 시샘하여도
길어진 오후 햇살 만지작거려도
반가운 손님맞이 생글생글
안녕하세요? 민들레예요

이 야단스런 봄날에도
작년에 네가 앉았던 그 자리로
잊지 않고 찾아오는
꼬마 민들레야!

엄마, 아빠께
야단맞을 생각도 잊은 체
우두커니 혼자 앉아
너만 바라보고 있구나

난 채송화야

안녕, 난 채송화야

해님이 둥실 떠오르면
신이 나서 덩실덩실 꽃을 피운단다
깨끗한 곳, 더러운 곳 가리지 않고
알록달록 예쁜 꽃을 피운단다

씨앗도 모래알보다 가늘고 키도 작지만
줄기를 끊어 심어도 잘 살아나고
공해가 심한 도시에서도 쑥쑥 잘 자라거든
그래서 내 별명이 오뚝이야

하지만 쇠비름하고 가까운 친척이라고
날 잡초 취급하지 마
여름 땡볕 속에서도 하하 웃기도 하고
천둥과 소나기가 겁을 줘도 무섭지 않거든

쉿! 귀를 기울여 봐
아름다운 노래 소리가 들리지 않니?
쏙! 눈으로 잘 살펴 봐
소곤소곤 속삭이는 모습이 보이지 않니?

뒤바꿔 해보기

키 작은 학생이
선생님을 가르친다
국어공부, 수학공부, 영어공부……
동그라미 치고, 박수치고, 칭찬하고
참 잘했어요
하하하 선생님이 웃는다

단발머리 내 동생이
엄마 대신 요리를 한다
라면 끓이기, 반찬 만들기, 설거지하기……
후루룩 냠냠, 통탕통탕, 달각달각
야! 맛있다
호호호 엄마가 웃는다

우리 반 친구들이
다문화를 배운다
말하기 공부, 요리 실습, 놀이 공연……
곤니찌와, 니 하오마, 신 짜오
많이 힘들지?
히히히 다문화 친구가 도와준다

상주보(尙州洑)는

낙동강 칠백리 젖줄을 타고 앉은
한 살배기 상주보는
할 일이 참 많다

수천 산자락 굽이 돈 피곤한 물들
가슴 속으로 파고드는
물살들의 속삭임도 엿들어야 하고

버들붕어, 송사리, 메기들이
무얼 먹고 사는지
물속 곳간도 살펴야 하고

눈부시게 일어나는 아침
황홀하게 지는 저녁
빛나는 별들도 보듬어야 하고

산과 들판이 박수치며 얼러주고
살랑 바람 힘든 어깨 주물러도 주지만
상주보는 오늘도 할 일이 참 많다

흙담

옛날 집들이 소곤소곤 속삭이는 한적한 골목을 거닐다보면 허리께에 오는 흙담이 헤헤 웃으며 반겨준다. 흙으로 키를 만들고 구불구불한 등줄기는 네 집과 내 집을 구분 짓는 파수꾼이다. 그러나 살짝 고개만 돌리면 집 안이 훤히 앞으로 다가서고, 방 안 가득 피어나는 멋스러운 모습도 슬그머니 카메라에 담을 수 있다.

은빛 햇살이 드러누운 체 낮잠에 빠진 고샅길을 거닐다보면 퍼덕이는 것들을 드문드문 만난다. 그것들의 편안한 쉼터가 되어주는 흙담엔 포르르 참새가 날아들고, 주렁주렁 매달린 풋감이 해바라기를 한다. 민들레 씨앗도 날아와 아예 둥지를 틀고, 사마귀도 산책을 나와 잠시 어깨를 기댄다.

황토와 지푸라기를 섞어 만든 흙담엔 따스한 고향이 살아 있다. 하루살이가 어려울 땐 분풀이로 냅다 걷어차기도 하지만 꼬마들 숨바꼭질엔 안성맞춤이다. 우둘투둘 흙이 발린 담들은 골목길을 오가는 사람들을 포근히 안아주고, 동네 구경하러 다니는 도시의 사람들이 한결 새롭다.

박정우

아동문예 문학상을 수상하면서 등단.
한국문인협회, 한국아동문예작가회, 오늘의 동시문학
한국아동문학인협회 회원
현재 상주시 상영초등학교 교장 재직
한국문협 상주지부장

尚州文學

수필

김철희

별과 샘물 그리고 고향집 외 1편

김철희

가끔은 꿈에 고향집이 보여 잠을 설칠 때가 있다. 그때는 더 이상 잠을 청하지 못하고 일어나야 한다. 희붐한 새벽이 올 때까지 하릴없이 찬 기운이 도는 내 방으로 건너와 무료한 시간을 보내야 한다.

나의 고향집은 남들처럼 정겨운 곳이랄 수가 없어 딱히 오래도록 기억하고 싶지 않은 곳이다. 아버지가 타향살이 끝에 마흔 셋 한창 나이에 귀농한 곳이지만 바로 그곳에서 7년을 더는 채우지 못하고 푸르디푸른 생을 마친 곳이기에.

처음 이곳으로 이사 올 때의 내 나이 초등학교 4학년. 그러니까 11살이던 9월.

그 당시 집은 방이 두 칸 딸린 초가였다. 그 뒤 아버지는 이 집을 슬레이트집으로 개량을 했다. 흙집을 대충 시멘트로 보강을 해가면서 살았던 그런 집이다. 다섯 식구가 모여 살기에는 좁았던 그런 집을 땅 한 마지기 내 것 없이 무작정 귀농해서 그럭저럭 살림을 꾸려갔으니 지금 생각해보면 그때 당신들이 겪었을 고충이 얼마나 컸을까 짐작은 가지만 어릴 적 내 기억 속에는 그러한 넓은 이해력이 없었다. 어린 탓이다.

그 당시는 마당에 우물이 없어 집과는 지척간인 마을 공동우물에서 물을 길어다 생활용수로 사용했다. 이사 첫 날부터 피부병이 옮아 온 몸이 간지럼으로 인해 두드러기가 심하게 나서 고생한 적이 있다. 이 병마저 양약으로 다스리지 않고 민간요법으로 치료를 했으니 당시의 궁색한 살림살이를 더 이상 말해 무엇 할까.

며칠 뒤 아버지는 탄광생활로 잔뼈가 굵은 터라 손수 물이 나올만한 자리를 별자리를 보고 정해서 파 내려갔다.

하얀 종지기에 물을 하나 가득 담아서 샘을 팔 자리에 갖다놓고 별이 가득 담기는 곳을 찾아서 이리저리 옮기다가 그 중 별이 흰 종지기 속에 가득한 곳을 찾으면 바로 그곳이 물이 나는 자리라고 했다.

그렇게 한 달 이상을 파 내려간 터에서 요술 같게도 맑은 물이 솟았다. 펌프질을 통해 우리 가족은 여름엔 차고 겨울에는 온기가 느껴지는 깨끗한 물을 마실 수가 있었다. 정말로 그 집의 물맛을 지금 와 생각해도 잊을 수가 없다. 지금까지도 큰 자형은 고향집의 샘물 맛을 얘기할 정도니 말이다.

뒤란으로는 대나무 숲이 있고 집 둘레로 큰 감나무가 네 그루 있어 가을이면 꼭지에서 떨어진 감과 낙엽을 치우기 위해 곧잘 어지러운 마당을 빗질 해대곤 했다.

문밖 삼십여 미터쯤 집으로 들어오는 길은 나름 코스모스를 심어서 가꾸었던 그 집이 내 고향집의 그림이다. 가을빛과 더불어 바람에 길쭉한 꽃대가 살랑거리던 살살이꽃. 내 사춘기를 함께 한 정원화였다.

8절지 도화지에 담으면 꼭 맞을 그런 집에서 내가 가장 많이 본 것은 하늘에 무수히 반짝이던 별이었다. 가진 것 하나 없던 그 집에서 쌀알만큼이나 유독 많았던 것은 별. 지금까지도 그곳의 별만큼 많은 별을 보고 살지는 못했다.

여름날에는 저녁을 먹고 모기를 쫓을 양으로 흰 연기가 솟도록 불을 지펴놓고 마루에 드러누우면 아버지가 그토록 의지했던 별이 어디 간데없이 항상 그 자리에서 빛을 발하고 있었다. 어린 내 눈에 가득 찼던 별, 저 별이 모두가 내 것이라고 생각했던 적이 바로 그때였던가. 찬 기운에 잠을 깰 때까지 마루에서 뒤척이던 바로 그때.

이사 온 지 7년째를 다 채우기도 전에 아버지는 '지독한 병' 을 얻어서 수술 끝에 집으로 병실을 옮겨왔는데, 잡초약에 식물이 말라서 죽어가듯 그렇게 부쩍 야윈 몸으로 변해가더니 마흔 아홉이 다 저물어가던 그해 12월에 돌아가셨다.

하늘에 별이 유독 많았던 바로 그 집에서 우물을 찾아서 샘을 팠던 나의 아버지는 시난고난 고생 끝에 하나의 별이 밤하늘에서 흔적도 없이 스러지듯이.

그 뒤로 나는 그 집에 대한 애착을 추억과 함께 잊어버렸다. 생각하고 싶지 않은 것이 맞을는지 모르겠지만 고향집으로서의 정다움은 이것으로 그 필름을 다하니 더 이상 보려야 볼 수도 없다.

나는 그 별천지에서 7년을 더 살고 고향집을 떠나 시내로 삶의 보따리를 옮겨왔다.

갈고리로 싹싹 끌어서 모은 돈이라곤 고작 천만 원 남짓. 소 팔고 샘백만 원 빚내서 맞춘 그 돈으로 시내 낙양동 어느 한구석에 자리한 방 두 칸 딸린 집을 전세로 얻어 남동생과 함께 세 식구가 자리를 잡고 낯선 타지생활을 시작했다. 그 집에서 3년을 살았다.

맞다. 우리가 시내로 옮겨 오는 데는 누렁이의 도움이 컸다. 그리 크지는 않았지만 어머니는 소 한 마리를 키우셨는데 그 소는 목돈 장만에 거의 대부분을 차지할 정도로 우리에겐 재산목록 1호였던 셈이다. 아, 그런 누렁이를 빼놓고 고향집을 얘기했다 할 수 없는 노릇이다.

내가 묵었던 시골집의 작은 방은 마구간과 붙어 있어서 항상 나는 누렁이의 온갖 소리를 바람소리 삼아 긴 밤을 같이 했다. 쇠죽 끓이기 위해 매일 저녁 군불을 지폈으니 겨울철 나의 방은 따스하기가 이를 데 없었다. 그 방에서 트랜지스터라디오 하나에 의지해 FM라디오에서 흘러나

오는 가요를 듣다가 잠자리에 들기가 일쑤였다. 앵글로 짠 4단짜리 내 키만 한 책꽂이에는 소설책이 가득했고, 그래서 그 작은방이 나의 모든 것이 되었던 곳. 나는 정말 소설가가 되고 싶었다.

나는 곧잘 잡지사에 투고를 했다.

'아버지의 죽음' 을 제목으로 한편의 산문을 썼다, 그래서 당시 고등학생들이 많이 보았던 수험생잡지 '진학' 과 '대학입시' 에 투고를 했는데 마침 그 글이 책에 실렸던 그 '작은 방' 에서의 추억을 잊을 수 없다.

아무것도 가진 것이 없었지만 아침이면 탁 트인 농촌의 들과 밭이 보이고 저 멀리로는 나지막한 산이 저만치 물러나 앉아서 한 폭의 그림을 보여주었던 '긱골' 마을의 지난 일들을 어찌 잊을 수가 있겠는가.

하늘의 별이 가득했던 집, 샘물이 맛나던 그 집은 누군가에 의해 없어지고 그 자리에 밭이 생겼다. 우리 식구가 한 평의 땅도 가져보지 못한 땅. 밭으로 다시 되돌아간 내 고향집의 마지막이 그래서 더욱더 아롯이 내 기억에 남는 것은 또 무슨 조화에서 오는 것일까?

집이 허물어져 땅으로 되돌아간 그 모양이 새삼스럽다. 누군가가 터를 잡고 화초를 가꾸며 오순도순 소박하게 살아있기를 바랐다. 그래야 시간이 흘러 가끔 고향갈 일 생겨 무시로 가다오다 볼 수 있을 텐데 말이다. 지금은 그 한 조각의 희망마저 사라졌으니 말이다.

가끔은 명절 때면 옛집을 찾아 그 터만은 볼 수 있으니 아직은 그래도 정겨움이 남아있는 영원한 내 마음의 고향집이 아닌가.

책 읽기와 신문 스크랩

책에 관한한 적어도 나의 버릇은 여느 독자와는 사뭇 다른 점이 하나 있다. 거의가 수상작 위주의 독서를 고수하고 있다. 여기에 하나를 더 보태자면 신문 스크랩을 십분 활용해 작가와 관련된 자료들을 오려서 책속에 하나씩 첨부해나간다. 이렇게 오랜 시간을 하다 보니 자연스레 책의 볼륨이 두터워지는 것은 물론이거니와 다양한 정보 수집을 통해 한권의 책이 가지는 가치는 업(UP)이 되어간다.

어김없이 희붐한 새벽이 오면 나는 일찍 기상을 해서 일간지를 속속들이 뒤져 책에 관한한 새로운 정보들이 어디 없나하고 인터넷 검색을 시작한다. 하루는 사무실에 출근해 조간신문을 보면서 명사들이 추천하는 도서코너를 발견하게 되었다. 마침 소설가 정유정이 추천하는 켄 키지의 장편소설『뻐꾸기 둥지 위로 날아간 새』가 게재되어 있었다. 워낙에 유명한 작품이라 잠시의 망설임도 없이 나는 도루코 칼질로 꼼꼼하게 해당지면을 오렸다. '광주' 그 마지막 날 밤, 여고생 정유정의 인생을 뒤흔든 책-이라는 부제가 유독히 눈에 들어왔다.

'정유정' 이라는 소설가가 누구던가. 스릴러의 외양을 지닌『7년의 밤』이라는 작품으로 2011년도 한 해 화제가 되어온 작가가 아니던가. 정식 문학공부를 한번 한 적 없던 이 전직 중환자실 간호사 출신의 작가는 정신병동을 무대로 두 청년의 좌충우돌 분투기가 화려하게 펼쳐지는 작품인 『내 심장을 쏴라』로 제5회 세계문학상 수상했고, 그 이전에는 『내 인생의 스프링 캠프』라는 작품으로 제1회 세계청소년문학상을 수상한 화려한 이력을 가진 작가다. 치밀한 얼개와 스토리를 관통하는 반전이 빼어나다는 평을 듣는 이 작가의 성향이 『뻐꾸기 둥지 위로 날아간 새』라는 작품과 닮아있다는 묘한 생각이 드는 것은 어쩜 자연스러운 일일는지도 모르겠다.

켄 키지의 대표작이자 출세작인 『뻐꾸기 둥지 위로 날아간 새』는 정신병원을 무대로 하여 거대 조직에 맞선 개인의 저항과 의지를 그린 작품이다. 제목에서 언급된 '뻐꾸기 둥지' 는 속어로 '정신병원' 을 의미한다. 1950년대 비트 세대와 1960년대 히피 세대를 연결하는 작가는 주인공들을 통해 억압된 자유와 강요된 삶에서 벗어나 새로운 가치를 추구하는 인물들을 그려냄으로써 새로운 사고방식, 가치 체계를 추구했던 1960년대의 혁명적 변화를 예견했다는 평가를 받았다. 이 책은 1960년대뿐만 아니라 오늘날에도 세상에 대한 통찰력을 전하고, 신선한 자극을 안겨주고 있다. 이렇게 해서 『뻐꾸기 둥지 위로 날아간 새』에 대한 자료는 정신병동이 주무대가 된 『내 심장을 쏴라』는 책속에 새로운 한 페이지를 차지하게 되었다.

또 하나, 미국 남부를 배경으로 펼쳐지는 '마크 트웨인' 의 낭만적이고 해학적인 문체로 그려지는 그들의 모험담은 관습과 관습적인 것을 어떻게 조롱하며 내리 뭉개는지를 잘 보여주고 있는 작품 『허클베리 핀의 모험』과 소설가 박형서와의 만남은 어떻게 설명해야 할는지?

나는 박형서의 첫 장편소설인 『새벽의 나나』를 우연찮게 읽은 적이 있다. 2010년도에 이 작품은 동인문학상 최종후보에 올랐지만, 수상은 김인숙의 소설 『안녕, 엘레나』에게 돌아갔다. 7개월간 방콕에 머물며 매춘과 마약, 폭력으로 얼룩진 이국의 거리풍경과 그곳 사람들의 일상에 대해 공들여 썼다는 특이함 때문에 한 번 읽어봐야겠다는 생각에 줄곧 미루어오다가, 이 소설이 그 해 '대산문학상' 을 수상했다는 기사를 읽고는 곧바로 구입을 했더랬다. 역시 나의 판단은 어긋나지 않았다는 흐뭇함이 입가에 묻어나는 순간이었다.

박형서라는 작가는 이질적인 요소를 결합하는 방식의 글쓰기에 관심이 있다고 말하는 걸로 봐서 『허클베리 핀의 모험』에 나오는 주인공과 일면 닮아있다는 생각이 든다. 헤밍웨이가 '미국 현대문학을 탄생시킨 한 권의 책' 이라고 찬탄한 이 작품을 소시적 만화영화로 일찍이 봐왔지만 독서라는 방법을 통해서는 접해보지는 못했다. 왠지 동화책이라는 편견에 선뜻 이 책에 손이 가지 않았던 것이다.

어린 나이에도 불구하고 영악하고 생활력이 강하며 자기 멋대로 살아가는 '헉핀' 의 삶이 얼마나 매력적일까라는 생각이 든다. 그리고 생생히 살아있는 당 시대적 배경과 노예 해방 문제에 대한 조망이 담겨있다는 평을 접하면서 결코 가볍지만은 않은 작품이라는 생각도 들었다.

『톰 소여의 모험』 후속편에 속하는 『허클베리 핀의 모험』에 대한 박형서의 독후감은 그 후로 일주일 뒤에나 지면을 통해 등장했다. 그는 '이 책에 담긴 걸쭉한 입담과 해진 청바지를 닮은 경거망동은 어딘가 통쾌하고 후련한 느낌마저 들었다. 그런데 이런 유머는 보이는 것처럼 단순한 슬랩스틱이 아니다. 불량청소년의 세련되지 못한 허세나 도망자의 궁여지책, 사기꾼들의 막장에 다다른 탐욕이 정말로 보여주는 것은 그 반사

회적 해프닝 속에 담긴 약자들의 눈물, 콧물이다. 훗날 이 책을 다시 읽으며 그와 같은 사실을 깨달았고, 그러자 더 이상은 예전처럼 왁자지껄 신나는 모험소설로만 대할 수가 없게 되었다. 『허클베리 핀의 모험』은 그보다 훨씬 신랄하며 진중한 세계를 담고 있다.' 라고 적고 있다.

이렇게 해서 『허클베리 핀의 모험』에 대한 자료는 색다른 글쓰기로 주목을 받은 박형서의 첫 장편소설 『새벽의 나나』 맨 뒤 속지에 보태어졌다.

이렇게 모아진 자료들은 작가를 알아가는 데 상당히 요긴하게 작용한다. 비단 한 작품을 선택해서 읽기는 했지만, 그 후 차곡이 쌓여서 보태어진 자료들은 책 속의 또 다른 읽을거리가 된다. 먼 훗날, 또다시 읽던 책을 손에 쥘 기회가 주어진다면 그때 만나는 감회는 색 바랜 추억의 사진 한 장을 볼 때의 그 느낌. 나만의 은밀한 기쁨이기도 하다.

김철희

상주문협 회원
시민신문 편집부장

尙州文學

尙州文學

특집 II. 백일장 우수 입상작

2013 상주예술제 제17회 한글백일장

대 상 -그날이 오면 우진주

제3회 충의공 정기룡 장군제 451회 탄신기념문화제 한글백일장

대 상 -충의사에 가면 황비단

제3회 환경사랑 학생백일장

대 상 -돌아온다 김수현

제17회 한 글 백일장 대 상

그날이 오면

우진주(상지여자고등학교 2-선)

세상엔 수많은 희귀병이 있다. 듣도 보도 못한 많은 병들이 지금도 누군가에겐 고통을 주고 있다는 것을 사람들은 알까? 우리에겐 물 흐르듯 평탄한 이 삶을 어떤 이는 매일 기도한다. '단 하루' 를 소원하는 사람들

그 아이와의 만남은 짧은 순간이었지만 오랜 시간 내 마음속에 박혀버렸다. 텔레비전에서 보았던 어린 소녀. 분명 어리고 연약한 소녀이지만 내가 부러워 할 만큼 소녀는 강인했다. 곰처럼 머리가 팽창하는 희귀병이 있다는 것을 나는 그날 처음 알았다. 아이의 눈은 금방이라도 튀어나올 것 같았다.

소녀의 모습을 처음 보았을 때, 솔직히 미안하게도 징그럽다는 생각을 했었다. 살면서 팔이 없는 사람, 다리가 없는 사람, 정말 여러 모습을 보았지만 내겐 아직 보지 못한 것이 많을 만큼 세상은 넓었다. 그런데 왜 하필 이 넓은 세상에서 신은 그 어린 소녀에게 그런 병을 주셨을까. 잘 사는, 그야말로 부잣집 아이에게 그런 병이 왔다면 부모는 어떤 큰돈을 들여서라도 아이를 치료했을 것이다.

소녀의 어머니는 떨어지는 눈물을 참지 못한다. 아프리카 난민의 삶이 그들의 삶이다. 아픈 딸을 간호하랴, 밖에 나가 돈을 벌랴. 조금의 여유도 찾을 수 없는 삶. 그렇게 온갖 고생을 해서 버는 돈이 얼마일까? 고작 3만 원. 생계를 이어나갈 수 없는 액수. 어머니가 또 눈물을 보이실까봐 항상 웃고 있는 소녀의 작은 눈망울에 얼마나 큰 고통이 담겨 있을까. 강인한 소녀의 모습에 촬영진들의 소매도 이내 촉촉해진다.

나의 어린 시절, 젊은 나이에 세상을 떠나셨던 삼촌이 계시

다. 쭉 평범하게 살아오던 날들에 불치병이란 모난 돌이 굴러 들어와 깊이 박힌 것이다. 그때 나는 알지 못했다. 어쩌면 알 수 없던 것이다. 어린 소녀의 모습에서 보이던 그 강인함은 이미 오래전 삼촌에게서 보았던 모습이었다. 마치 나는 아무 병에 걸리지 않았다는, 오히려 행복하다고 말하는 듯한 그 웃음에 깜박 속아 넘어가고 말았었다. 오늘 내일이 기적 같은 사람이라는 것을 바로 옆에서도 느끼지 못했다. 돌아가시기 직전까지도 아픈 모습을 조금도 보지 못했다.

돌아가신 뒤에야 안 사실이지만, 삼촌은 조금도 자신이 죽을 것이라고 생각하지 않으셨다고 한다. 내일도 나는 다른 사람들처럼 평범하게 눈을 뜨고 일어날 것이며, 그 다음날도 매일 그랬던 것처럼 살 것이라고. 이 병이 치료되었다는 '그날' 이 올 때까지 살 것이라고 말이다. 비록 삼촌은 안타깝게도 그날을 보지 못하고 눈을 감으셨다.

신은 고통을 견딜 수 있는 자에게만 준다고 하였다. 어린소녀도 나의 삼촌도 분명 강인한 분들이다. 그렇기에 그런 고통스런 병과 아픔 속에서도 웃음을 잃지 않으신 것이다. 삶이란 앞도 끝도 보이지 않는 언제나 새로운 길이기에 나에게도 병이 오지 않을 것이라는 확실한 보장은 없다. 과연 나는 그들과 같은 병에 걸렸을 때 그들처럼 웃을 수 있을까. 복잡하고 헤매는 이 삶 속에서 넘어지고 무너져 오히려 더 깊은 병으로 나 스스로를 잃을지도 모른다.

그러나 믿음만 가진다면 결과는 다르지 않을까? 살 것이라는 믿음이 있었기에 삼촌은 비록 죽는 순간까지도 웃고 계셨고, 소녀 또한 언젠가는 어머니와 함께 같이 웃을 수 있는 날이 올 것이라고 굳게 믿으며 끝까지 눈물을 보이지 않았다. 누구든 삶에 장애물이 생길 수 있는 것이며 그 장애물에 걸려 크게 다칠 수 있는 법이다. 그것을 성장과 발전을 위한 잠깐의 역경으로 여기고 끝까지 목적지를 잃지만 않는다면 그 어떤 누구라도 자신의 '그날'

을 볼 수 있지 않을까.

모두가 느끼고 바라는 '그날' 은 전부 다를 것이다. 다가오는 속도도 느리고 그에 대한 믿음도 다를 것이다. 내가 들은 말 중에 '달팽이의 걸음은 느리나 달팽이는 느리지 않다' 라는 말이 있다. 언젠가 나 또한 그들처럼 희귀병에 걸리게 된다면 비록 느린 속도라도 병이 낫는 '그날' 을 천천히 기다릴 것이다.

나의 속도는 여전히 느리다 해도 멈추지만 않는다면 절대 느리지 않을 것이라 믿는다. 각자의 삶을 사는 모두에게 각자가 바라는 '그날' 이 올 때까지 절대 믿음을 변치 않기를 바래본다.

충의사에 가면

황비단(상영초등학교 6학년)

사벌면에 있는 충의사에 도착하니
솔향기가 코끝을 간지럽히네

그 옛날 정기룡 장군도
지금 내가 맡고 있는 푸른 솔향기를
맡으며 왜적과 싸우셨겠지

임진왜란 당시 큰 공을 세운
정기룡 장군의 뜻을 기리기 위해 세운 곳

충의공 정기가 어려 있는 충의사에서
위풍당당하게 서있는 소나무를 보며
다시 한 번 정기룡 장군을 생각해봅니다

제3회 환경 사랑 학생 백일장

돌아온다

김수현(상지여자고등학교 1-진)

나는 어린 새싹이에요
나는 누군가에게는 작고 하찮은 존재이죠
언제 짓밟히고 죽을지 모르는
위태로운 생명이죠

내가 보았던 어린 세상은
그 무엇보다 값비싼 맑은 하늘과 깨끗한 비를 내려주죠
그리고 사람들의 행복한 웃음과 인정을 봤죠
그곳은 아주 즐겁고 행복한 곳이에요

나는 작은 나무예요
나는 새싹에서 이제 조그만 나무가 되었죠
키가 자라서 밖을 더 잘 보게 된
그저 작은 나무이죠

내가 다시 본 세상은
어린 새싹 때 보았던 것과는 다른 곳이었죠
사람들은 이리저리 바쁘게 움직이고 맑았던 비는 사라진
그런 세상이었던 거죠

나는 이제 늙은 나무예요
나는 작은 나무가 본 세상을 기억하죠
어지럽고 혼란스러웠던 그때가 지금은
슬프게 느껴져요

세상은 빠르게 변하고 사람들도 변했어요
내가 어린 새싹이었을 때
바라보았던 모든 것들이 다시 돌아온다고
항상 믿고 있을 거예요, 많은 시간이 흘러도……

尙州文學

尙州文學

특집 Ⅲ. 낙강시제 시선집 중 강과 물의 시

권오신
김경숙
김욱진
김주완
김홍식
문희봉
박순화
서성택
서철수
양해극
이대걸
이무권
이문걸
이흥우
장영수
장영희

가을, 강가에서

권오신

저 강물에 떠오는 잎은 어느 산 가을빛인가
황홀히 핀 꽃보다도 지는 잎에 눈이 가는
내 삶은 지금 어디쯤 흘러가고 있을까

저무는 서녘 하늘 유난히 고운 노을
아픔도 결이 삭으면 못 잊을 추억이 되어
세월의 굽이굽이에 옹이 되어 박히는가

남은 삶 얼마나 될까 한 뼘쯤은 더 남았을까
발끝에 다가오는 산 그림자 마주 하면
돌아본 지난 자취가 강물 위에 휘어진다

가을 강(江)

김경숙

강가에 나와 세월을 본다

계절은 시간을 건너가고
또 한 계절이 다가오고
은빛머릿결 갈대가 눈부시다
풀섶 위 잠자리의 날갯짓
오는 가을바람의 현을 고른다
못 다한 이야기들 저만치
아름다운 문양으로 다가와
빈 가슴에 앉는다
잘 여문 이삭들
다시 햇살에 말리고
강물 위로 보내는 마음
파문으로 출렁인다

낙동강

김욱진

해인사 가는 길 낙동과 함께 출발하여
나란히 달렸다
고령 다리쯤 다다르자 가물가물 초점 풀어지는 낙동,
강변 딸기밭 때문이 아니었다
가슴 파헤치고 산발한
강 하나 떠내려가고 있었다
제 풀에 서러워
불러도 불러도 대답 없는 칠백 리
젖먹이 자식
놓쳐버린 어미처럼
뒤돌아보고 또 돌아보며
굽이굽이 흐느끼고 있었다
묵상에 젖은 모래알 틈새로
가야산 골프장 결사반대하는
성철스님의 주장자 내리치는 소리
산은 산, 강은 강

물비늘

김주완

강물의 피부가 매끄럽게 반짝일 때가 있다 여러 개의 얼굴을 가진 그녀의 몸이 덥혀졌을 때, 숨 돌리며 일상으로 돌아갈 때 잠시 내뿜는 자족의 과시이다 지금은 아무도 필요하지 않아 아무도 품지 않을 거야 오는 대로 내치는 거야, 물비늘의 오만은 눈부시다 지상에서 가장 아름다운 거부의 철편

팔뚝만 한 잉어 한 마리 강물을 박차고 튀어 오른다 누런 비늘이 털어내는 싱싱한 물방울들, 일탈의 자유가 우수수 비산한다, 비늘에서 떨어지는 비늘, 비늘들이 제자리를 찾아가는 한낮, 천연한 강물 위 서성이는 햇살 집요하다

낙동강 기행

김홍식

발길 닿는 곳마다
역사의 고귀한 숨결이 살아 숨 쉬는
수려한 땅
지금 그곳에 가면

태(態)없이
유유히 흐르는 강물은
푸른 주단(紬緞)을
펼쳐놓은 듯

따르는 발자취마다
큰 호연지기 깃발처럼 휘날리던
고운 임들의 모습을
뵙는 듯

산하(山河)에 오르내리며
두고두고 새기셨을
간절한 뜻을
듣는 듯

밧줄로 동여매듯
마음마저 붙잡아놓고서
떠나지 말라 하네

강의 숨소리

문희봉

곤봉을 돌린다
끈이 달려 있는 곤봉
돌릴 때마다 소리를 낸다
유영하는 몸놀림
한 편의 드라마요 시다

유연하게 돌아가는
원무 속에 환호하는 강
각색하는 무대
리듬이, 무지개가 반긴다

강을 닮은 곤봉
내가 돌리는 강에
탑승하는 연어
연어와 함께 산란하는 기쁨을 누린다

강의 숨소리
'쩡쩡' 갈라지는 음향에
몸을 맡기니
그 진동 웅장해서 좋다

광대 같은 운무
파노라마를 연출하는 물레방아
무릉도원에 도열한 타이탄 트럭

하회마을과 낙동강

박순화

조선의 자궁이니라 풍산들 젖줄이니라
태백산 정기 받아 육백년 전설과 역사로 엮어
부용대
이별의 연가
화천으로 흐르나니

물길이 돌아가더라 물길이 쉬었다 가더라
겸허히 제 몸 낮춰 적선과 사랑으로 엮어
만송정
바람의 연가
서애혼으로 흐르나니

유구한 역사 속의 '낙동강'

서성택

낙동강 칠백 리 물결
구비구비 스쳐가는 세찬 강바람
뱃사공의 어기여차 뱃노래 소리
추억 속으로 사라져 버렸네

잔잔한 낙동강 물결
육이오의 전쟁 핏자국의 물빛
전우들의 북진통일 승리의 길목
한평생의 피멍만 남았구려

그때의 상처가 오늘
두 동강의 금수강산 아직도
임진강의 물길은 통일된 물길
강물처럼 우리도 이어주자

가을 강에서

서철수

가슴 파랗게 물들이고 흐르는 강은
오랜 세월 삶에 시달려 온
돌 이야기를 알고 있고,
바람을 다독거려 잠재우는 법을 알고 있다

가을 동강에서
깊은 숙면에 들지 못하고
신기루를 보았다
잣봉에서 흘러내린 어라연 삼선암이
바위 몇 개를 박아 놓고
가슴앓이를 한다

삶과 죽음은 혼자 꿈속에서
자는 것뿐이고,
꿈속에서 꿈꾸는 것이라는 걸
침묵하는 그에게서 배우고 왔다

도남 강변에서

양해극

은물결 눈이 부셔 꿈꾸는 듯 경천 섬에
새하얀 도포 입은 왜가리 자적하고
청룡사 범종소리는 물안개로 내린다

시 한수 구걸하러 서원에 들렀더니
쥔 없는 헛기침에 돌아서는 먼발치에
상주 보 실루엣 모습 동화 속에 고성 같다

흘러간 세월만큼 강물도 따라가고
역사 속 큰 스승님 자취를 기리는데
도덕경 쉰 목소리가 귀에 와서 걸린다

겨울 낙강

이대걸

한 폭 동양화로 흐르는 낙강 위에
점 점 점으로
청둥오리 떼 날고
아득한 모래톱 뒤엔 갈대 춤춘다

나그네 북극 바람 굿판 벌이나
선무당 살풀이로 마구 휘몰아
입술 가 목도리에 안개꽃 핀다

수런대며 흐르는 수면에
알알이 내려박힌 햇살이 은구슬로 반짝이면
아득히 흘러버린 시간의 강가에서
알몸으로 무지개 쫓던
이제는 반백이 다 된 그 소년의 영혼도
한없이 포근한 봄을 맞는다

낙강에 노을이 붉다
매운바람은 노을을 몰아
고즈넉한 저녁이 되고
퍼덕이는 아침으로 깨어나겠지

미쳐가는 세상에 숨이 막혀서
밤마다 독배를 들던 지친 영혼은
다시는 돌아갈 수 없는
그 강을 향해
그리운 이름들 날려 보낸다

홍수

이무권

착하다 못해 모자란다는 소리 듣던 홍 서방, 뒤늦게 본 외아들 집단 따돌림 끝에 쓰러졌다는 말 듣고 평생 분노 온몸으로 태우며 달려가듯, 시앗 앞에서도 얼굴 한번 찡그리지 않던 순안댁, 시집 와서 30년 해놓은 일이 뭐냐는 시누이 한 마디에 보따리 챙길 새도 없이 사립문 밀치고 나가듯, 온 세상 물들이 일어섰다

사람들이 만든 길을 거부하고
사람들이 한정한 둑을 허물고
사람들이 공들인 도시를 유린하며
억눌리고 버림받은 것들의 통곡과 한숨을 뒤섞는 울부짖음에
하늘도 가끔씩 외마디 비명을 지르는데,
산마저 함께 울지 않을 수 없었던 궁예(弓裔)의 통곡이,
사람이 하늘이 되는 개벽의 아침을 미룬 해월(海月)의 탄식이,
시대가 거부한 뭇 생명의 가늠할 수 없는 한숨이
신석기 패총의 조개껍데기처럼 켜켜이 쟁이어 터져 나오는
강물의 함성은 장엄하다

촛불 든 군중 속에서 겨우 자신의 목소리를 확인하고
아득한 망루에 올라 아무도 들어주지 않는 세상에 대고 외치는 저 외로운 절규
오늘 이 땅 변두리의 서글픈 슬픔들이 모여
물을 물로 보는 사람들 앞에
물이 하늘이고, 하늘이 곧 물이라고
천년쯤 뒤에
물이 하늘이 되는
이 땅 최후의 큰물 한 번 지을 법도 한

당돌한 예감의 강물이
마을회관 찢어진 불조심 깃발처럼 펄럭이고 있다

낙동강 모래톱의 갈대

이문걸

어둠의 깊이로
빛을 토해내는 녹색 물비늘
누군가의 아픔이 묻은
바람 몇 점이
불면의 뜨락에서
새털 잔뿌리를 흔들고 있다
눈에 보이질 않는
기억의 언덕 저 멀리서
가을 철새 떼도
야성(野性)의 언어로 목이 젖는
낙동강 하류 모래톱
갈대는 내장까지 서걱이는
문명의 쓴잔을 비우며
김해 국제공항 어디메선가
느닷없이 불어 닥친
금속성 엔진 소리에
허허로운 바람의 행방을
예감하고 있었다

낙동강 목어

이흥우

은 달빛 드리워진
물굽이 천삼백 리

경천대 용소에는
목어가 꿈을 꾼다

묵묵히
토해 내놓는
은모래빛 백사장

펼쳐진 갈대밭은
치마폭 나부끼듯

돛단배 물길 따라
물새가 울고 간다

자천대
하늘이 만든
여의주 문 천주봉

강나루에 꿈을 심고

장영수

유유한 천삼백 마디
생명의 숨결 받아
익을 대로 익은 꿈을
타래로 풀어내는
낙동의
살가운 물결
춤사위가 어여뻐라

역사를 굽이돌아
흐르고 흘러내려
동녘에 타는 햇살
오롯이 갈라내는
이곳에
희망의 씨를
남김없이 뿌리리라

낙동강 · 1

장영희

청둥오리와 물떼새, 가마우지와 개개비
고니와 도요를 만나야지
황지연못*에서 키운
제비꽃만 한 꿈을 안고
칠백 리를 달려왔건만
새들이 보이지 않는다
눈 맑은 새들은 날개 벗어던지고
어디로 갔을까
새털구름 되어 저 허공에서
어느 좋은 날
다시 날아오르리라는
단꿈을 꾸는가
착한 새들 떠난 자리
기쁘거나 슬프거나
어깨 흔들며 울고 웃던 갈대들
침묵의 수렁에 발목 빠져 쓸쓸한데
그들 울음소리나 웃음소리 들을 수 없다
이제 낙동강은
강이 아니다

*황지연못: 강원도 태백시 황지동에 있는 낙동강 발원지

특집 IV. 낙강시제 문학 강연

권갑하
정영도
조재학

현대시조와 모더니즘

권갑하

1. 나는 왜 시조를 쓰는가

지금은 좀 나아졌지만, 내가 시조를 막 쓰기 시작한 1980년대 중반만 해도 시조에 대한 일반의 인식은 매우 낮았다. '시조'를 쓴다고 하면, 혹시 '창(唱)'을 할 줄 아느냐고 물어올 정도였다. 그러나 1990년대를 지나고 2000년대로 접어들면서 상황은 조금씩 바뀌고 있다. 최근 들어 평론가 구중서 선생을 비롯해 자유시단의 중견 원로인 성춘복, 오세영, 정진규, 허영자 시인 등이 문예지에 시조를 발표하고 또 시조만 수록한 시집을 출간하기 시작한 것이다. 왜 이런 변화가 일어나는 것일까.

몇 가지 해석이 가능하다. 우선 시대 흐름을 들 수 있다. 서구 열강에 의한 근대화와 일제에 의해 말살, 왜곡 과정을 거치면서 우리는 문화의 정체성을 상실했으며 민족적 자긍심마저 가질 수 없었다. 우리 것은 진부하고 서구의 것은 우월한 인식에 매몰되어 우리 것을 폄하하고 천시하는 오류에 빠졌다. 그러한 역사성으로 광복 이후에도 서구에 가서 박사학위를 받아와야만 실력을 인정받고 대학 강단에도 설수 있었다. 다른 분야도 다르지 않다. 우리 것은 스스로 평가 절하했으며, 제도와 문화 등 모든 면에서 서구의 가치를 상위에 두었다.

그러한 역사의 어두운 터널 속을 헤매다 조금씩 '나'를 찾게 된 것은 1980년대 들어서이다. 경제성장과 민주화에 힘입어 '자아'에 눈뜸이 생겨나기 시작한 것이다. 그동안 타자의 시각으로 나와 우리를 재단하던 것이 비로소 내 눈으로 나를 보고 상대를 평가할 수 있게 된 것이다. 86 아시안게임과 88올림픽은 그 첫 분기점이었다. 내 것을 세계인들에게 자랑할 수 있는 기회가 왔고 자아의 성숙이 이루어졌다. 한동안 유행했던 '우리 것이 좋은 것이여!' 라는 광고 카피는 이를 상징적으로 보여주는 아이콘이었다. 2002년 월드컵 시점에 오면 이제 우리 것을 적극적으로 세계에 내놓고 자랑할 수 있는 수준에까지 이르게 된다. 굳이 해외에 가서 학위를 받아오지 않아도 또 서구의 이론을 들먹이지 않고도 우리 이야기를 풀어갈 수 있는 상황에 이르렀다.

어떻게 이런 일이 가능해졌을까. 그것은 다름 아닌 글로벌 시각에서 세계인이 찾는 것은 서구적인 것이 아니라 바로 '한국적'인 것이라는 점을 확인한 결과다. '너의 것을 보여줘!' 바로 이 질문 앞에 세계로 나갔던 많은 지성들이 풀이 죽어 돌아왔고, '그렇구나!' 하는 깨달음으로 우리 것을 찾기에 골몰하기 시작했다. 나는 누구이며, 내가 가진 것은 무엇인가. 문화가 세상을 지배하는 21세기로 접어들면서 문화 영역에서의 이러한 '우리 문화'에 대한 성찰은 그 어느 곳보다 뜨거웠다. 그 결과는 놀라웠다. '한류'로 시작된 우리 문화의 세계 나들이는 이제 K-POP 열풍, 싸이 열풍으로 전 세계를 달구고 있다.

좀 발걸음이 더디긴 하지만 문학 분야도 크게 다르지 않다. 오늘날 우리가 '시'라고 부르는 자유시는 사실 불과 100여 년 전에 이 땅에 들어온 것이다. 앞에서 지적한 것처럼 우리가 근대화 과정에서 서구문화에 휩쓸려 정신을 못 차리고 있을 때 들어온 시양식이다. 그런 자유시를 우리는 지금 '시' 라고 부르고 있으며 시의 안방을 차지하고 있다. 아니 우리 스스로 안방에 들였다는 말이 맞을 것이다.

내 족보는 부끄러워 감추고 명문 집안의 족보를 안방에 모셔놓은 집안 자랑을 하는 꼴이다. 근대화 과정을 거치면서 다행히 한자 대신 '한글' 을 우리글로 채택하긴 했지만, 조선시대까지 '시' 라고 숭상하며 불렀던 '한시' 의 자리에 서구의 시를 다시 앉히는 오류를 범한 것이다. '중국의 시(한시)' 가 '서구의 시(자유시)' 로 자리바꿈하였을 뿐이니 말이다.

안타까운 역사이지만, '사대' 라는 역사의 틀을 뒤집을 정도로 자주성이 없었으며 의식이 깨이지는 못했고 갖고 있는 힘이 없었다. 당시 사회 전반의 지도자들 대부분이 서구에서 공부하고 온 사람들이었으니 교육과 제도 등 사회 전반의 서구편향은 어쩌면 당연한 모습이었다. 하지만 개항 과정에서 일본은 그렇지 않았다는 점을 생각하면 역사적, 민족적 부끄러움을 가릴 수 없다.

10여 년 전, 서울대 오세영 교수가 외국 대학에 교환교수로 가서 현대시 강의를 할 때, '교수님 나라에도 시가 있나요' 라는 질문을 받고 무척 당황했었다고 한다. 정신이 번쩍 들어 한국으로 돌아와 바로 우리나라 시인 시조 공부를 시작했다는 고백은 문단에 파장이 컸다. 경북대 박현수 교수는 세계문학사를 공부하다가 한국 편의 경우 시조가 3분의 2를 차지하고 자유시는 인명만 거론하고 있는 것을 보고 큰 충격을 받아 그 때부터 시조 평론에 관심을 갖게 되었다고 했다. '너의 것을 보여줘!' 라는 화두는 세계화가 깊어질수록 그 중요성은 커질 것이다. '나' 와 '너' 를 구분 짓는 정체성이요, 빛깔이요, 향기이며 파워의 원천이기 때문이다.

다른 하나는 문명의 변화다. 인류 문명에 있어 인쇄술의 혁명은 불의 사용 이상의 큰 변화를 가져왔다. 문학예술도 초기에는 구전돼야 했으므로 '시와 노래'가 한 몸이었다. 그러나 16세기 이후 인쇄술의 발달로 문자에 의한 소통이 일반화되면서 산문이 중흥기를 맞았다. 그런데, 20세기 후반 영상시대가 도래하면서 새로운 변동을 불러왔다. 영상시대는 정보를 문자보다는 영상으로 받아들이는 데 익숙한 새로운 소위 '영상세대'를 낳았다.

영상세대인 이들에게 문자와 책은 고통스러운 매체가 되고 있다. 대학의 국문학도들이 '반지의 제왕'을 소설이 아닌 영화로 대부분 봤다는 결과는 이제 놀라운 뉴스가 아니다. 복잡한 설명이나 묘사는 한순간 영상으로 대체될 수 있는 시대가 되었다. 여기에 컴퓨터와 인터넷 기반으로 모든 예술 양식은 이제 복합 종합 멀티미디어화를 지향하고 있다.

이러한 흐름에 따라 우리나라도 1980~90년대를 기점으로 긴 글(산문류, 소설 등)이 급격한 퇴조를 보이기 시작했다. 100만 부를 우습게 여기던 베스트셀러 소설책이 팔리지 않고, 구절구절 널어놓던 산문시가 신춘문예와 문학상에서 외면 받게 되었으며, 자유시단에 짧은 시 쓰기 운동인 '극서정시 운동'이 일어난 것도 같은 맥락이다. 인터넷, 모바일 시대를 맞아 긴 글은 읽지 않는다는 현실 상황에 기인한다. 짧은 시! 그 중심에 '시조'가 있다. 시조도 산문화 영향으로 18~19세기엔 사설시조가 대중적 인기를 끌었고, 20세기에는 연시조라는 형식이 등장했다. 하지만 시조의 기본은 3장 6구 45자 내외로 짧은 시의 DNA를 갖고 있다. 트위터에 실릴 수 있는 글자 수가 140자인데, 시조는 이보다 많이 짧다. 이러한 짧은 시 구조를 지닌 시조가 새로운 시대의 경쟁력으로 작용할 수 있지 않을까.

자, 이제 우리는 1세기 전의 사고에서 인식을 전환할 때가 되었다. 세계 조류도, 문명의 흐름도, 생활환경도 급속도로 바뀌고 있다. 이제 사람들은 누구나 내가 우주의 중심이란 생각을 갖고 있다. 나의 정체성이 분명하고 뛰어나면 그것이 바로 세계의 중심에 다름 아니다. 지금 같은 시대는 누구나 스타가 될 수 있다. 이렇게 이제는 도시보다 지방이, 단체보다는 개인이 더 각광을 받는 시대로 변화하고 있다.

인터넷은 이러한 장벽과 제약을 극복하게 해주는 요술방망이다. 내가 시조를 쓰고 산골 오지로 들어간다 하여 문제될 것이 하나도 없는 세상이 되었다. 환경적인 측면에서 오히려 그런 삶이 인기를 누리는 세상이 되었다. 세상이 크게 바뀌는 데는 물론 시간이 걸리겠지만 요즘 같은 광속시대라면 문제가 되지 않는다. 바뀔라치면 한순간에 바뀐다.

남의 시각으로 나를 보던 과거의 어리석음을 떨치고 이제 내 눈으로 나를 보고 상대를 평가하는 주체적 안목을 길러야 한다. 일본은 자신들의 정신과 문화를 중심에 두고 서구의 것을 받아들인 자주성 강한 민족이었다. 개항 시 '일본적인 것' 의 상징으로 하이쿠를 내세웠을 정도로 자신들의 민족시인 하이쿠에 대한 자부심은 대단했다. 그 결과 오히려 서구에서 하이쿠를 배워갔다.

하이쿠가 서구의 에즈라파운드 중심의 이미지즘에 큰 영향을 미쳤다는 것은 주지의 사실이다. 하이쿠가 이렇게 세계 속의 문학으로 성장한 데는 일반 국민들의 '아래로부터의 하이쿠 사랑' 이 결정적이었다. 법고창신(法古創新)! 옛 것을 제대로 익히고 새로움의 옷을 입혀야 한다.

2. 내 작품의 모더니즘

2012년 계간 〈시와 반시〉 여름호는 「현대시조와 모더니티」란 제목으로 현대시조의 모더니즘을 진단하기 위한 기획물을 준비했다. 총괄 평론을 유성호 교수가 썼는데, 대표적인 모더니즘 시조 사례로 졸작 「외등의 시간」을 들었다.

울렁이는 욕망들이 굽은 등마다 흘러나오는
지워진 먼 길 끝에선 아우성도 몰려온다
허물을 덮어주려면 몰래 별도 띄워야겠지
은밀한 갈증들은 발만 동동 구르고
해진 상처 감추려 지친 바람 분주하지만
실직의 허기진 강은 눈물에도 젖지 않는다
안간힘으로 굴린 공은 어디로 굴러 갔나
홀로 깬 기다림은 파도소리로 훌쩍이는데
쓸쓸한 작별의 행방은 시치미를 떼고 있다
제 가슴 속 불을 밝혀 외따로 돌아가는
어둠을 건너는 외등의 경건한 고독이여
아득한 혼잣말처럼 문득 빗방울이 환하다

– 「외등의 시간」 전문

「외등의 시간」은 제17회 한국시조작품상 수상작이다. '종로에서' 연작을 담은 세 번째 시집 『외등의 시간』 표제시이기도 하다. IMF 이후 어려워진 경제사정 속에서 실직한 어느 친구를 떠올리며 쓴 시편이다. 퇴근길에 쓸쓸히 어둠을 밝히고 서 있는 외등이 눈에 들어왔다. 밤늦은 시간에도 귀가하지 못하고 집 주변을 서성이는 실직한 가장의 모습이 오버랩 되었다.

작품은 순식간에 쓰여 졌다. 실직한 가장을 상징하는 '어둠을 건너는 외등의 경건한 고독' 이란 구절은 내 가슴에 사무친 아픔을 심어주었고, '안간힘으로 굴린 공은 어디로 굴러 갔나' 라는 절규에는 슬픔이 빗방울처럼 쏟아졌다.

첫 시집을 내면서 등단 전후 약 10년 동안 쓴 작품을 거의 폐기했다. 시조를 쓴답시고 애를 했지만 어느 순간 내 작품이 너무나 싱겁게 느껴졌기 때문이다. 자료를 들쳐보니 1986년 1월, 내가 〈나래〉 동인에 공식 가입을 해 작품을 발표했다.

그러나 등단의 필요성에 대한 의식 부족과 직장 관계 등으로 공식 등단 절차를 밟은 것은 그로부터 6년 뒤였다. 어느 문단 모임에서 자존심이 상해 부랴부랴 등단 절차를 밟아 1991년 〈시조문학〉 2회 추천을 완료하고, 1992년 1월에 〈조선일보〉와 〈경향신문〉 신춘문예에 당선됐다. 그로부터 첫 시집을 낸 것은 대산문화재단 창작지원금을 받은 뒤인 1999년이니 15년에 가까운 짧지 않은 창작기간이 그 사이를 메우고 있었다. 그러나 나는 그 기간을 습작기로 규정하고 대부분의 작품을 첫 시집에 싣지 않았다.

시(시조)가 자연서정에 매몰되어 있다는 비판은 지금도 계속되고 있다. 나약한 여성적 취향, 농경공동체적 사고와 관념적인 선비정신의 굴레를 벗어나지 못한 탓이다. 나는 이 '고고하고 품격 높은 고답성' (장경렬)에서 과감히 벗어나기로 했다. 이후 도시성과 현대인이 처한 소외와 고독, 인간성 상실에의 비판은 내 작품의 주제가 되고 화두가 되었다. 시집 『세한의 저녁』에 표출된 비린내 나는 물신주의와 신산한 도시성은 자본주의의 어두운 그림자와 현대인의 뼈저린 고독과 소외를 드리운다.

공원 벤치에 앉아 늦은 저녁을 끓이다
더 내릴 데 없다는 듯 찻잔 위로 내리는 눈
맨발의 비둘기 한 마리 쓰레기통을 파고든다

돌아갈 곳을 잊은 사람은 아무도 없는지
눈꽃 피었다 지는 부치지 않은 편지 위로
등 굽은 소나무 말없이 젖은 손을 뻗고 있다

간절히 기댈 어깨 한 번 되어주지 못한
빈 역사(驛舍) 서성이는 파리한 눈송이들
추스른 가슴 한 쪽이 자꾸 무너지고 있다

-「세한(歲寒)의 저녁」 전문

이 작품은 등단 10년 미만 신인에게 주는 중앙시조대상 신인상(1998년)을 받은 작품이다. 떠도는 눈발과 맨발의 비둘기의 이미지를 통해 현대의 유배자라 할 수 있는 노숙자의 신산한 삶을 그림으로써 외면할 수 없는 현대인의 슬픈 초상을 만나게 한다. IMF 경제 위기로 초래된 현대의 어두운 그림자는 도시성을 배경으로 이렇게 선명하게 드러난다. 내 시조의 모더니즘은 이러한 현대의 어두운 모순과 냉혹한 현실에 대한 내면적 비판과 예술적 형상화에 초점이 맞춰져 있다.

군자교 지나 길은 인질로 잡혔다
끝은 보이지 않고 되돌아갈 수도 없는
문명에 지친 하루가 백미러 속에 갇혀 있다
지급기한 다 넘긴 주머니 속 어음장처럼

자꾸 눈에 밟히는 새우잠 자는 들꽃들
미풍이 지날 때마다 강도 비늘 벗는다
벌써 몇 시간째 차선을 앞 다투지만
가 닿을 꿈의 자리는 가드레일처럼 구겨져
중랑천 검은 가슴 위로 맥없이 떠내려간다
가장 늦은 귀가에도 가장 먼저 아침을 여는
온몸에 바퀴자국 어지러운 젊은 가장이여
별은 왜 눈을 감아야만 보이는 것일까
우회를 꿈꾸기에는 너무 멀리 와 버린
핸드폰 배터리마저 깜박대는 월릉교 부근
그리운 불빛 하나 둘 문을 걸어 잠근다

–「우회를 꿈꾸며–동부간선도로에서」 전문

도회를 떠도는 현대의 소시민적인 삶도 도시성을 극대화한다. 현대인의 삶은 여전히 '인질로 잡' 혀 '끝은 보이지 않고 되돌아갈 수도 없는' 막막한 '길' 위를 맴돈다. 인공적인 편리와 욕망 뒤에 도사린 인간 소외의 그림자를 숨길 수 없는 것이다.

워드프로세서 커서가 하릴없이 숨차다
튕겨지듯 집을 나선 나의 하루는
한 뼘 반 괄호 속에서 쓰고 다투고 돈을 센다
강은 오늘도 녹조와 적조를 되풀이하고
그리운 사람은 내게서 너무 멀리 있다
오～랜 병 끝에 바라보는 한 폭 담채화처럼
하루가 쓰레기통에 가득 쌓이는 저녁답

조금씩 흔들리는 것들이 아름답다
서랍 속 꿈마저 짐 되는 괄호 속의 하루

–「괄호 속의 하루」 전문

컴퓨터 모니터 앞에서 자유로울 수 없는 현대인의 일상이 적나라하다. '숨차다', '튕겨지듯', '쓰고 다투고 돈을 센다', '하루가 쓰레기통에 가득 쌓이는' 등의 구절들은 현대인의 떨칠 수 없는 속성을 상징한다. '괄호 속의 하루'에서 벗어날 때 현대인은 진정한 자아를 회복하게 될 것이다.

1.
세상 모든 사랑은 꽃으로 타올라라
안으면 부서져버릴 순간의 꿈일지라도
오열도 온밤 헤집는 별로 불타올라라

2.
그녀가 아는 말은 '오빠'라는 한 마디 뿐

'오빠, 많이 사랑해요'
삐뚤삐뚤한 글씨는 남아

이국 땅 신혼의 꿈을 증언하고 있으니

3.
타올라라 참으로 먼 인연의 풀섶 헤쳐
채 펴지 못한 마음자리 상처를 보듬으며

죽음도 사랑으로 섞겨 훨훨 불타올라라

*시의 모티브가 된 '탓티황옥'은 베트남 여성으로, 결혼한 지 8일 만에 정신 질환자인 남편에게 살해당함.

–「오빠, 나 사랑합니까?」 전문

시든 시조든 현대성을 담보하지 않으면 독자의 공감도 얻기 어렵고 예술 작품으로 영원한 생명력을 확보할 수도 없다. '지금, 여기'의 감각이 리얼하면서도 예술적으로 피어날 때 독자로부터 사랑을 받게 될 것이다.

네 번째 시집 『아름다운 공존』에서는 이주여성들의 사랑과 아픔을 시조에 담아 보았다. 우리 이웃인 다문화가정의 아픔과 사랑, 그리고 희망을 노래한 소위 '다문화 시집'의 효시다.

독자의 반응은 특별했다. 시조 형식이 내용 전개에 조금도 불편하지 않았다. 오히려 더욱 강한 서정을 폭발하는 기재로 작용하는 듯 했다. 시조가 지닌 독특한 형식의 묘미 덕분이었다. 이것이야말로 시조의 현대성이요, 미래성이다.

1.
잘린 한 쪽 젖가슴에 독한 재를 바르고
눈매 곱던 누이는 흙을 덮고 누웠다

비릿한 눈물의 향기
양수처럼 풀어 놓고

2.
잘린 그루터기에서 솟아나는 새순처럼
쪼그라든 시간에도 형형한 눈빛은 살아

끈적한 생의 에움길
꽃을 피워 올렸다

3.
허기진 사연들은 차마 말로 못하는데
서늘한 눈매를 닮은 오랜 내력의 깊이

철없이 어린 꿈들은
촉을 자꾸 내밀었다

－「누이감자」 전문

모든 시의 정신은 서정에 뿌리를 두고 있다. 서정이란 넋이 빠질 때 시(시조)는 빈껍데기만 남을 뿐이다. 시조(時調)에서 시가 때 시(時) 자인 것은 그 시대를 담는 문학임을, 담아야 하는 문학임을 상징한다. 정몽주의 「단심가」와 이방원의 「하여가」를 통해 고려 말 조선조의 역사를 파노라마처럼 읽을 수 있듯 한 편의 좋은 시조는 한 시대의 역사를 웅변한다.

위 시는 1970년대 우리 보통 사람들의 삶에서 지울 수 없는 한과 눈물을 담은 작품이다. 동생 뒷바라지와 어려운 가정을 지탱하기 위해 모든 것을 희생했던 우리 누이들의 절절한 삶을 시조가 품지 않는다면 너무 안일하지 않겠는가.

니체 시(詩)의 철학적 의미

정영도

1. 니체에 있어서 시는 무엇인가?

시: 1) 잠언, 경구(Epigram), 비유
2) 조각글(Fragment)

(예 1)

인간과 짐승을 넘어 높이 자라나 말을 거는데 나와 함께 말하는 이 아무도 없다.

나 홀로 너무 높이 자라나 – 기다린다 – 그런데 무엇을 기다린단 말인가?

내 아주 곁에 구름이 앉아 있다.

내 기다리는 것 번개이로다.

(예 2)

어린이는 천진난만이며 망각이고 새로운 시작, 하나의 놀이, 스스로 구르는 수레바퀴, 최초의 운동, 신선한 긍정이다.

니체는 엄밀한 의미에서 시를 썼다기보다 시적 형식(詩的 形式)으로서 조각글을 썼다.

그의 조각글은 잠언, 비유, 상징으로 구성되어 있다.

'그대여 잠수부가 되어라! 잠수부는 한 단어 배후에 음악을, 음악의 배후에 정열을, 정열의 배후에 인간을 보리라.'

2. 니체는 왜 시적 형식으로서 조각글을 썼는가?

고독과 절망 속에서 창출한 영혼의 소리는 직설적 언어로서는 언표 될 수도 없고 전달될 수도 없다. 깊고 그윽한 영혼의 소리는 짧고 함축적인 잠언으로 구성된 조각글에 의해서만 전달된다.

니체 자신의 정신적 붕괴와 자신의 육체적 파국(몸의 질병)은 조각글의 선호를 가능하게 했다. 하나의 잠언에서 다른 하나의 잠언에로 넘어가는 빠르고 짧은 의미 전환시도는 시간과 공간의 축소를 야기한다. 니체는 그렇게 생각한 것 같다.

'나는 이 산봉우리에서 저 산봉우리를 성큼 타고 나아가는 축지법을 사용한다. 그 축지법은 나의 사상을 그대에게 전달하는 가장 지혜로운 수단이다.'

어떤 점에서 보면 니체의 모든 언표, 즉 글쓰기는 축지법을 통해서 이루어진 조각글을 성취하고 있다.

미끄러운 얼음
파라다이스
멋있게 춤출 줄 아는
사람에게는

3. 니체의 조각글로서 시(詩)의 저면에 내재한 철학적 실재

니체의 조각글은 고대 그리스의 철학자인 헤라클레이토스의 조각글과 그의 위대한 적대자(Gegner)인 예수의 잠언에서 시사 받고 있다. 헤라클레이토스가 조각글을 통해서 현상과 변화의 실재로서 로고스(Logos)를 감지시키고, 예수가 잠언과 경구와 비유를 통해서 천국, 영생, 지복을 이해시킨 것처럼 니체는 조각글, 잠언, 비유 또는 경구를 통해서 위버멘쉬(Uebermensch), 힘에의 의지 그리고 영원회귀를 알리고 있다.

니체는 이러한 조각글, 잠언, 비유 또는 경구를 채용하여 자기의 새로운 가치의 원리로서 힘에의 의지, 힘에의 의지의 구현으로서 위버멘쉬, 그리고 운명애적 영원회귀를 알리고 있다.

1) 힘에의 의지

2) 위버멘쉬에 대한 이해

3) 영원회귀

그의 시는 그의 '철학함'의 근본으로서 이러한 세 가지의 가치를 드러내 보이고 있다. 니체의 시(詩)인 바 조각글은 위의 세 가지 근본사상을 함축적으로 알리고 있다. 그의 시(詩)는 그의 근본철학을 알리는 철학적 수단이다.

세상 사는 지혜

평지에 머물지 말라
너무 높이도 오르지 말라

세계는 절반 높이에서

가장 아름답게 보인다

‘인간의 위대함은 그가 다리이지 목적적이 아니라는 점이다. 인간이 사랑 받을 수 있는 것은 그가 과도(過渡)이며 몰락이 아니라는 점이다.’

‘너희들은 벌레로부터 인간이 되는 길로 걸어왔다. 그러나 아직도 너희들은 많은 점에서 벌레이다.’

‘원숭이는 인간에게 무엇인가? 웃음거리, 또는 고통스러운 수치, 그리고 위버멘쉬에게 인간은 바로 그러한 존재이다. 웃음거리, 또는 고통스러운 수치이다.’

내가 만난 시인의 언어들

조재학

선생님,

제가 상주를 떠나 이곳 서울에 온 지도 벌써 1년이 되어갑니다.

'나는 나그네다. 이제는 삶이 나를 이끄는 대로 가리라.'

퇴직하고 서울로 오면서 이런 생각을 했습니다. 살아온 날들을 곰곰 생각해보면 어쩌면 알게 모르게 내가 놓아 둔 소망의 징검돌을 밟고 건너온 것이 아닌가 하는 느낌을 받습니다.

대학을 졸업하고, 배우자를 만나고, 교사의 길을 가고, 문협 활동을 하고, 시집을 내고, 대학 강단에도 서고, 사랑을 배우고, 제가 서울에서 시 공부를 할 수 있도록 저희 집 상황에 예상치 못한 변화가 왔던 것도, 이 모든 것을 돌아보면, 삶이 안개처럼 막연한 것이 아니라 내가 무의식 속에 둔 그 징검돌을 알게 모르게 딛고 온 것이 아닌가 하는 그런 느낌말입니다.

낙강시제의 발표자가 되어달라는 제의를 받고 원고를 준비하면서 참으로 난감했습니다. 아직 뭔가를 이루기는커녕 이제야 시에 대한 공부의 첫 발을 들여놓은 제가 무슨 나만의 주제를 가졌겠느냐는 겁니다. 저는 더듬더듬 제 기억의 방으로 발을 옮겨보았습니다. 정리를 하지 않아 어지럽기만 한 제 기억의 방에는 희미한 글자 몇 개 뒹굴고 있을 뿐 손에 줄 만한 것은 없었습니다.

그런 나에게 한 생각이 찾아왔습니다.

'상주문인협회 직전회장이었던 너에게 낙강시제 발표자의 자리를 주신 것은 네가 뭔가를 이루어서가 아니라 서울에서의 1년 동안 무슨 공부를 했는지 그걸 풀어내보라 란 말씀일 것이다.'

제가 이렇게 편지글의 형식을 빌리게 된 것은 생각이 여기에 머물렀기 때문입니다 그런 연유에서의 일이니 이 엉뚱한 형식을 부디 해량하여 주시기 바랍니다.

선생님,

선생님도 아시다시피 36년의 교단생활에서 저는 국어선생이었습니다. 아이들에게 국어를 가르치고 문학을 가르치고 시(詩)를 지도하고 했지만 이곳에서 공부하는 시(詩)는 또 다른 모양이었습니다. 어떤 것은 깃대를 흔들고, 어떤 것은 깃발을 찢고, 어떤 것은 흙탕물에 뒹굴고, 어떤 것은 호통을 치고, 어떤 것은 뒤죽박죽 섞어서 흩뿌리고, 모양이 하도 가지각색이라 어지러울 지경이었습니다.

시는 아마도 정해진 형식이 없는 듯했습니다.

> 시는 움직이는 것이다. 그러므로 시는 절대적인 것이 아니다. 시대에 따라 지역에 따라 언제든지 변하는 것이다. 시는 유기체처럼 살아있고 변하는 것이므로 경계 안에 가두어져 있지 않다. 좋은 시들은 우리가 알고 있는 시의 관념을 변화 발전시키는 것이다. 흔히 영역 밖으로 나가고 싶은 사람들이 이단이라고 공격 받지만 이런 사람들에 의해 시의 영역이 넓혀지고 다양해진다.

저는 이 말이 나에게 오는 데 참 오랜 시간이 걸렸다 생각했습니다. 그리고 매우 마음이 시원해졌습니다. 뭔가 안개 같은 것이 걷히는 느낌이었지요.

> 시를 잘 쓰려면 시집 잘 읽는 습관을 가져라. 살아있는 시정신도 읽어야 한다. 시가 시론이다.

모방이 될까봐 남의 시를 전혀 읽지 않는다는 학우가 있었습니다. 저도 그런 생각을 한 적이 있었습니다만 이제야 깨닫는 것이겠습니다. 성경 말씀에 하늘 아래 새 것은 없다 했습니다. 모든 시적 소재는 이미 진부한 것이 아니겠습니까. 새로우면서도 새롭지 않은 것.

보르헤스는 '인류는 단 한 권의 책'이라고 했습니다. 남의 시집 읽고 좋은 시 읽을 때 멋진 문장에 매일 것 아니라 비유는 어떻게 했으며 사유는 어떻게 다른 사람과 다르게 했나를 봐야 할 것입니다.

'무엇을 써야 하나?'
란 물음에 대한 김기택 시인의 말을 옮겨보겠습니다.

> 우리가 쓰고자 하는 것은 생각이나 관념이 아닙니다. 이것들은 관습이고 고정관념이 됩니다. 내가 알고 있는 상식을 풀어쓴다는 것은 그것을 정리하는 것에 불과합니다. 쓰다보면 생각이나 관념이 들어가겠지만 이것은 이미 많은 사람들이 생각하고 추상화한 것이기 때문에 그것은 본래의 그 자체가 아닌 것입니다.
> 내가 모르는 나는, 무의식 속 기억 속 감각 속에 들어있습니다. 자연사물 속에도 내가 들어있습니다. 관념이나 생각은 사람이 인위적으로 가공한 것입니다.
> 그러나 몸이나 사물은 가공하지 않은 태초의 것입니다. 이들에게는 가공되지 않은 어떤 풍부한 것이 들어있으니 그것에 귀 기울여야 합

니다. 생각이나 관념은 이해한 것이지만, 몸 사물은 가공하지 않은 원석으로 우리의 상상력이 필요합니다.

우리의 몸은 고대로부터 자연 속에서 살아왔습니다. 그것이 근대 현대로 오게 된 것은 몇 백 년 정도 밖에 안 됩니다. 우리 몸은 느끼고 듣고 하는 것을 더 좋아합니다. 머리는 근대화 현대화 될 수 있지만 몸은 아직 원시상태입니다. 그래서 아이들은 끊임없이 만지고 움직이고 합니다. 우리의 몸은 자연과 친하고 사물과 친하게 지내기를 원합니다.

시인은 우리가 쓰고자 하는 것이 생각이나 관념이 아니라 가공되지 않은 것이라고 말합니다. 가공되지 않은 것을 볼 수 있는 것은 자연의 시각, 타자의 시각을 갖는 것이겠지요. 여기에 우리의 상상력이 필요한 것입니다.

우리가 시에 대해 살아있는 즐거움을 느끼려면 관념이나 생각이 들어가면 안 됩니다. 살아있는 즐거움은 몸의 움직임, 기억에서 느낍니다. 내 몸은 내 것이 아닙니다. 내 몸 속에는 무수한 조상의 기억이 있습니다.

병아리는 독수리가 뜨면 야단입니다. 갓 태어난 병아리가 무엇을 알겠습니까. 이것은 병아리 안에 무수한 조상의 기억이 있다는 것입니다. 출산과 죽음으로 이어지는 무수한 어머니가 있다는 것입니다.

그러므로 나는 단수가 아니고 복수입니다. 내 몸에 역사도 환경도 다 들어있는 것입니다. 그러므로 시인은 머리로서가 아니라 감각으로 생각해야 합니다. 촉각으로도 후각으로도 생각해야 합니다.

마종기 시인의 「내 동생의 손」입니다. 동생이 흑인가에서 슈퍼마켓을 하다가 흑인에게 총 맞아 죽습니다. 이 동생의 기억을 못 잊어 난폭한 슬픔에 빠집니다. 시인은 동생의 손을 주머니에 넣어 다니겠답니다.

동생에 대한 감각과 정서를 잊지 못해 '손' 갖고 다닌 것은 이 촉감을 회복시킨 것입니다. 슬픔이 몰려 올 때마다 그 손을 만지면 진정된다는 것입니다. 이 시인은 촉감으로 대화하고 느끼는 것이겠지요.
시인은 혀로도 시를 씁니다. **시는 온 몸으로 밀고 가는 것입니다.** 머리로 시를 쓰면 이해는 할 수 있지만 살아있는 느낌은 없고 울림이 없습니다. 시는 살아있는 잠재력을 끌어내고 몸속의 말과 소통하는 것입니다. 몸에서 나오는 언어에 귀 기울이는 것입니다.

시인은 모든 감각을 다 열어놓고 시를 써야 할 것입니다. 그야말로 온몸으로 소통하는 것입니다. 젊은 시를 많이 읽는 것도 이런 감각을 키우는 일이기도 할 것입니다.

시는 무엇을 쓰느냐가 중요한 것이 아니라, 그 시적대상을 어떻게 쓰느냐가 중요합니다. 어떻게 써야 하겠습니까. 존재의 편에 서서 봐야 합니다. 내가 지금 쓰려는 그것의 편에 서서 봐야 한다는 말이겠습니다.
흔히 몸 바꾸기라고 하지요. 돌을 쓰려는 마음을 먹는 순간부터 나는 돌입니다. 돌을 쓰려할 때는 돌을 써야지 내 얘기를 쓰면 안 됩니다. 내가 돌이었을 때 나무뿌리가 얼마나 나를 짓눌렀는지 어둠 속에서 얼마나 오래 있었는지 이런 돌 이야기 쓰다보면 그것이 결국 인간의 이야기, 내 이야기가 됩니다.

선생님,
시를 쓰는 일에 있어 저의 화두는 '현상' 입니다. 그런데 저는 아직도 이 현상을 뚜렷이 잡지 못해 헤매고 있습니다.
이경림 시인은 말했습니다.

우리가 현상을 붙들고 늘어져야 하는 것은 이것이 리얼리티이기 때문이다. 사실이 세계를 말해주도록 사실만 쓰라 그러면 4차원의 세계인 진실이 보인다.

우리는 시를 쓰는 한, 현상들이 온 몸으로 보여주는 그 말을 듣고 꼼꼼히 받아 적어야 하는 책무를 가지고 태어난 사람들이라 해도 좋을 것이다. 삼차원이며 사차원이기도 한 모든 존재 속에는 이녁과 저녁, 이승과 저승이 한꺼번에 들어 있다. 그것이 세계의 본질이기 때문이다.

정리하자면 현상이 바로 시(詩)라는 말과 같으리라. 그것들 속에는 시인이 말하지 않아도 자신이 말하려 하는 메타포가 적나라하게 들어있는 것을 볼 수 있다.

제 시가 현상을 어느 정도 보여줄 수 있는 지 의문입니다만 여기 제 졸시 한 편을 예로 들겠습니다.

하느님이 동전을 세고 있어요 백 원짜리 열세 개 십 원짜리 일곱 개 오백 원짜리 세 개 흩어서 다시 세고 또 세고 또 세고 찰그랑 동전 부딪는 소리가 나요 하느님이 누워서 사탕을 빨고 있지요 맛나게 사탕을 빨고 있는 하느님을 보는 하느님의 눈꼬리가 휙 치켜 올라가네요 조금 전 밥 먹을 때 어묵 볶음이 달다고 안 드시던 하느님이 사탕이라뇨

귀가 좀 안 들리는 하느님은 늘 TV를 켜놓고 있지요 소리는 들리거나 말거나 그저 배경화면이에요 이부자리에 누운 채 눈을 감고는 무슨 소린지 낮게 웅얼거리죠 알아들을 수는 없어요 손톱을 세워 요를 긁다가 놀라며 일어나죠 황급히 서랍을 뒤지고 플라스틱 통을 쏟아부어 손가락으로 헤집으며 뭔가를 찾기도 하지요 왼쪽 손목에는 황금 팔찌와 시계를 찼어요 오른손 검지와 약지에 금가락지를 끼웠어

요 금목걸이도 했죠 집안엔 모두 도둑들뿐이어서 도무지 그냥 놔 둘 수가 없어요

오늘도 하느님이 하느님께 묻지요 니 내 도장 안 줄래 내가 그때 니 주머니에 넣어주었잖아 그런 적 없어요 모두가 도둑이야 허리에 손을 올리고 고개를 흔들어요 어떤 날은 밑도 끝도 없이 큰소리치지요 너거가 나를 내쫓으려하지만 나는 안 나간다 이런 날은 하느님이 조금 불안해보이기도 해요 하느님이 부엌에서 뭔가를 끓이려고 할 때가 있어요 냄비 뚜껑 여는 소리 가스불 켜는 소리가 나면 옆방 하느님이 얼른 부엌으로 나와 보죠 그러면 하느님의 안색이 변해요 내가 지 몰래 뭐나 먹는가 싶어 저리 감시를 하고 들어가거라

아, 금방은 하느님이 하느님께 정중하게 고개 숙여 고맙습니다 인사를 했어요 자리에 누워있는 하느님께 하느님이 간식을 두 번째 들고 들어왔거든요 나가는 하느님의 뒤통수에 대고 한 말씀 합니다 니 내 동전 백 원짜리 몇 개 가져 갔노 내만 없으면 온 방을 다 뒤지고

–「하느님」 전문

위 시 속에 나타난 상황은 치매노인을 모시고 있는 가족의 이야기입니다. 정상이 아닌 노인을 모시면서, 노인의 행동이 본 마음으로 하는 것이 아닌 줄 알면서도 상황에 휩쓸려 눈꼬리가 치켜 올라가는 한 인간을 발견합니다. 시 속의 상황이 그대로 메타포입니다.

2013 한국문인협회상주지부 사업 추진 내용 

일시	사업명	운영내용	장소	참석	비고
1. 14	상주아동문학회 월례회	· 임원 개선, 작품 합평	갈비마트	7명	
1. 18	2013 보조금 지원 신청	· 지원신청서, 사업계획서	경상북도청, 상주시청	5건	
1. 19	한국예총상주지회 정기총회	· 전년도 주요업무경과 보고 · 금년도 계획 협의	나무그늘	2명	
1. 31	2013 본회 정기총회	· 전년도 회무 및 예산 보고 · 금년도 사업계획 협의	갈비마트	15명	
2. 2	2013 경북문협 정기총회	· 2012 결산 승인 · 2013 사업 및 예산 승인	안동체육관	3명	만남의 광장
2. 18	상주아동문학회 월례회	· 회의 원활한 운영 방안 · 작품 합평	갈비마트	6명	
2. 25	문경문인협회와 간담회	· 채만희 회장 외 5명 · 본 회와 문학관련 상호 교류	영팔식당	3명	문경문협 요청
2. 27	2월 월례회	· 신입회원 2명 승인 · 벚꽃시화전 개최 협의 · 작품 합평(2인 4작)	갈비마트	12명	김동수, 권삼중 신입 회원 승인
3. 28	3월 월례회	· 전 사무국장 감사패 전달 · 벚꽃시화전 개최 협의 · 작품 합평(3인 4작)	갈비마트	8명	이상달 회원 작고(3. 18)
4. 6	제4회 벚꽃시화 오픈 및 전시	· 참여자 안내, 시낭송, 시맛보기 · 시장, 교육장, 예총회장 등 30여 명	북천 둑길	9명	전시: 4. 1~4. 25
4. 10	예총간담회	· 예총상주지회 각 지부장, 사무국장 상견례 및 상주예술제 협의	정운석 회장댁	1명	
4. 15	상주아동문학회 월례회	· 작품 합평 · 서울 박두순 회원 참석	고수부지	6명	
4. 20	2013년 경북문협 제1차 이사회	· 2013 추진사업 심층 토의 · 재정 확보 관련 협의 · 도지회와 각 지부의 활성화 방안	김천문화 예술회관	2명	김재수, 윤철순
4. 25	4월 월례회	· 보조금 안내, 한국문협 가입 안내 · 상주예술제 시낭송, 백일장 협의 · 월례회 날짜 변경 - 매월 마지막 화요일 · 정기룡 장군 탄신기념 백일장 협의	갈비마트	10명	윤종운 신입 회원 승인

일시	사업명	운영내용	장소	참석	비고
5. 7	충의공 정기룡 장군 기념사업회 간담회	· 충의공 정기룡 장군 탄신기념 문화제 협의(백일장)	민속밥상	1명	김동수
5. 15	신동환 부회장 집들이	· 새집 지어 문협 회원 초청, 집들이 행사	함창읍 오사리	6명	박찬선, 이승진, 김동수, 권삼중, 김미향, 김숙자
5. 18	상주예술제 시낭송 및 한글백일장	· 제18회 시낭송대회 개최 - 당일 심사 및 시상 · 제17회 한글백일장 개최	중덕지 생태공원	13명 112명	참가 대상: 초, 중, 고, 일반
5. 20	상주아동문학회 월례회	· 회원 작품 합평	갈비마트	5명	
5. 24	상주예술제 평가회	· 예술제를 대회보다 축제로 하자. · 홍보가 부족하다. · 각 예술 활동을 함께 하자.	나무그늘	2명	예총산하 7개 지부 에서 참석
5. 26	정기룡 장군 추모 백일장	· 탄신 451주년 기념 백일장 · 초, 중, 고 참가자 113명 · 심사 및 시상	충의사	107명	참가 대상: 초, 중, 고, 일반
5. 28	5월 월례회	· 〈상주문학〉 납본 안내 - 창간호부터 24호까지 수집 · 예술제 및 정기룡 백일장 입상자 시상식을 개최하기로 함 · 작품 합평(2인 3작)	갈비마트	7명	국립중앙 도서관으로
6. 22	상주아동문학월례회	· 고 박정구 선생 유고시집 협의 · 작품 합평 · 서울 박두순 회원 참석	고수부지	8명	
6. 25	6월 월례회	· 상주예술제 및 정기룡장군 백일장 입상자 시상 · 본회 월례회 운영 방법 협의 · 본회 흉사 부조 방법 협의 · 작품 합평(2인 2작)	갈비마트(신점)	7명 6명	월례회-식사 및 장소 부조-직계존속, 회원의 사망
7. 1	낙강시제 2차 협의회	· 2013 낙강시제 전반적 운영 협의 · 본회 배부 예산 축소됨 · 본회에서 자체 계획을 수립하여 통보	상주문화회관	3명	상주시, 본회, 유교문화재단, 한시협회 대표 참여함
7. 5	낙강시제 본회 방안 협의	· 상주시, 세계유교문화재단의 안을 본회에서 추진할 수 있는 것을 협의 · 구체적인 결정사항 없음 · 향후 시안은 본회 집행부 위임	갈비마트	7명	
7. 22	상주아동문학 월례회	· 작품 합평	덕산오리	7명	

일시	사업명	운영내용	장소	참석	비고
7. 30	7월 월례회	· 낙강시제 운영 방안 모색 · 경북문협 100인 시화전 안내 · 〈상주문학〉 과월호 취합 · 회원 확보 방안 · 제출된 작품 없음 – 합평 못함	갈비마트	8명	
8. 5	낙강시제 문학페스티벌 3차 협의	· 주요 공연 프로그램 일정 · 전시 체험프로그램 종류 및 일정 · 무대 설치 및 전시 공간 현장 답사	도남서원	2명	상주시청, 유교문화재단, 한시협회 참석
8. 9	8월 월례회	· 경북문협 100인 시화전 작품 제출 · 낙강시제 일정 및 방법 안내 · 제33차 한국문협 전국대표자대회 안내 및 참가자 선정 · 제51회 경북글짓기교과연구회 하계 연수회 안내 · e-청소년문학제 개최 협의 · 상주감고을축제 문학행사 협의	갈비마트	8명	
8. 19	상주아동문학회 월례회	· 작품 합평 · 상주감고을축제 문학행사 협의 - 제3회 경북어린이 동화구연대회 - 2013 상주어린이 동화 동시 이어 쓰기 대회 - 도서 팔기	나성식당	6명	
8. 24	2013 낙강시제 문학 페스티벌	· 낙강시제 문학 강연 · 시낭송 및 시퍼포먼스 · 낙강범월시회 재현 · 낙강시제 7080 콘서트 · 낙강시선집 발간 및 시화전 · 체험프로그램 2가지	도남서원 일원	12명	전국 시인 및 일반인 참석 10:00~22:00까지 행사 실시함
9. 7~9. 8	제33차 한국문인협회 전국대표자 대회	· 개막식 및 시상식 - 개회사, 환영사, 축사, 축시 - 인준서 전달, 우수지부 시상 - 문학지 콘테스트 시상 · 우수지부 운영 사례발표 · 문학 특강 · 시낭송 및 친교의 시간 · 전주한옥마을 및 최명희 문학관 탐방 · 새만금방조제 견학	전북대학교 (전주)	3명	전국 각 지회장, 지부장, 부지부장, 사무국장, 본부임원 등 참석
9. 24	9월 월례회	· 상주예술제 및 정기룡 장군 탄신 백일장 입상자 입회 안내 · 〈경부문단〉 30호 원고 제출	갈비마트	9명	

일시	사업명	운영내용	장소	참석	비고
		· 2013 낙강시제 문학페스티벌 행사 결과 반성 · 제33차 한국문인협회 전국대표자 대회 참가 결과 안내 · 각종 백일장 개최 협의 - 환경백일장: 문협 주관 - 범방위백일장: 상주아동문학회 주관 - e청소년문학제: 문협 주관 · 감고을상주이야기축제 문학행사 협의 · 〈상주문학〉 제25집 발간 협의			
10. 4	2013 경북예술제	· 100인 시화전 참석 · 〈경북문단〉 제30호 발간	구미문화예술회관	1명	
10. 7	상주아동문학회 월례회	· 감고을상주이야기축제 문학행사 협의 - 동시동화 이어쓰기 시상 - 제3회 경북어린이 동화구연대회 개최 협의 · 회원 작품 합평	갈비마트	8명	김차순 님, 상주아동문학회 신입회원으로 입회함
10. 11	제3회 경상북도 어린이 동화구연대회	· 감고을상주이야기축제장 특설무대에서 실시함 · 참가 인원: 27명, 시상: 27명 - 상주지역 13명, 외지 14명 · 동시동화 이어쓰기대회 입상자 시상	북천	6명	상주아동문학회 주관
10. 11~10. 13	『상주 문학 이야기』 전시회	· 감고을상주이야기축제장 특설부스에서 3일간 전시함 · 상주의 8개 문학단체 소개함 · 각 단체의 연혁 소개 · 발행한 책자 및 자료 전시	북천	10명	
10. 21	10월 월례회	· 2013 경북문학상 추천 안내 · 〈상주문학〉 25집 발간 추가 안내 · 제3회 환경사랑 학생백일장 개최에 대한 협의 · e-청소년문학제 공모 예고 · 상주동학농민혁명 기념 시낭송 및 출판기념회 안내 · 작품 합평	갈비마트	8명	
10. 23	2013 상주동학농민혁명기념문집 출판기념회	· 『사람은 하늘이다』 출판기념회 · 시낭송회 · 위령제	북천 동학혁명 기념탑	2명	본 회원 10명 작품 탑재
10. 26	제3회 환경사랑 학생 백일장 개최	· 관내 초, 중, 고등학생 대상 · 주제: 환경사랑	중덕지 생태공원	130여명	상주시청 및 상주예총 지원

일시	사업명	운영내용	장소	참석	비고
11. 1	시의 날 기념 '제1회 상주시낭송회 시축제'	· 대상, 금, 은, 동, 장려상 76명 시상함 · 회원 시낭송 · 시노래, 무용, 연극 공연 · '상주 시낭송회' 소개	자연드림 3층 공연장	2명	상주시낭송회 창립기념행사
11. 18	상주아동문학회 월례회	· 고 박정구 시인 추모 시집 발간 협의 · 회원 작품 합평	나성식당	5명	
11. 18	제3회 환경사랑 학생백일장 시상식	· 인사, 축사, 작품평 · 시상: 대상 1, 금상 6, 은상 12, 동 18, 장려 17, 입선 22	상주시문화 회관	85명	교육장, 예총회장, 상주시 관계자 참석
11. 23	느티나무 시동인 출판기념회	· 인사, 축사, 작품평 · 제10집 『춤추는 수레』 시낭송	갈비마트	5명	
11. 26	11월 월례회	· 〈상주문학〉 제25집 출판기념 행사 및 문학기행 협의 · 회원 작품 합평 · 신입 회원 소개	함창달무리 식당	10명	고인선, 이은정 신입회원 입회
11. 30	들문학 출판기념회	· 인사, 축사, 작품평 · 제20집 『들문학』 출판기념 및 시낭송	자연드림	6명	
12. 13	〈상주문학〉 제25집 출판기념회	· 식전, 식후 공연 · 인사말, 축사, 격려사 · 시낭송 및 시퍼포먼스 · 문학 강연 및 질의 응답 · 뒷풀이	자연드림	100명	
12. 14	문학기행	· 본회 및 상주지역 문학단체 참여 행사 · 경남 통영 지역 문학관 관람	경남 통영	40명	본회 외 3개 단체
12. 20	숲문학 출판기념회	· 인사, 축사, 작품평 · 제14집 『숲문학』 출판기념 및 시낭송	진평수산	5명	
12. 31	정기총회	· 2013년도 평가 및 반성 · 2014년도 계획 수립 · 임원 개선 및 회칙 수정 보완	갈비마트	15명	

상주문협 회원 주소록

이름	주소 및 연락처	분과
고인선	745-890 경북 문경시 홍덕동 225-27번지 전원다실 3층 010-3006-9281 kis3149@hanmail.net	수필
권삼중	742-070 경북 상주시 냉림동 지엘리더스파크골드 102동 1102호 010-4403-5304 323526@hanmail.net	시
권태문	110-020 서울 종로구 홍지동 69-8 명림빌라 302호 010-5585-5428 ktm5428@hanmail.net	동화
권태을	635-813 경남 창녕군 창녕읍 말흘1길 9번지 011-9592-8635	수필
권형하	791-758 경북 포항시 장성동 산호그린맨션 5차 1008호 010-3726-1083 badaro7@hanmail.net	시조
김동수	742-070 경북 상주시 냉림동 냉림드림뷰 103동 902호 010-6515-2006 cjtsns@naver.com	시
김미양	742-804 경북 상주시 함창읍 오동리 606 010-5191-8945 meinme8945@hanmail.net	동시
김숙자	742-80 경북 상주시 함창읍 오사리 211 010-9541-6598 dkll2004@hanmail.net	시조
김연복	742-901 경북 상주시 낙양동 171-3 대림아크로빌 1203호 010-4910-6570 ybkm1228@hanmail.net	영시
김영숙	742-862 경북 상주시 화서면 달천리 233 010-8582-9738 kimsk9738@hanmail.net	시
김인숙	742-873 경북 상주시 화북면 입석리 보건진료소 054-536-8984 shimy33@hanmail.net	소설
김다솜	742-901 경북 상주시 낙양동 171-5 녹원빌라 A/302 010-3824-0065 altari1222@hanmail.net	시
김정순	742-752 경북 상주시 낙양동 명지A 103/107 018-781-7222 most5@hanmail.net	시
김재수	742-130 경북 상주시 신봉동 293 010-9450-5558 khsal1145@hanmail.net	동시
김철희	742-070 경북 상주시 영남제1로 리더스파크골드 202동 902호 018-505-1500 simin8700@hanmail.net	수필
문초록	742-852 경북 상주시 내서면 낙서리 61 010-2592-5032 prayer-7@hanmail.net	동시
민병덕	742-360 경북 상주시 남적동 22 011-9357-2543	시조
박두순	120-764 서울 서대문구 홍제3동 문화촌 현대A 102/1009 010-8224-8548 21mhmh@hanmail.net	시
박영애	742-755 경북 상주시 복룡동 우방A 108/503 011-467-8543 happy1760@nate.com	수필
박순혜	742-060 경북 상주시 인봉동 늘푸른타운 402호 016-9460-3357 dkh7001@hanmail.net	수필
박정우	742-903 경북 상주시 남성동 43-4 010-8581-0179 pjw1089@hanmail.net	동시
박찬선	742-260 경북 상주시 만산동 631 011-534-8971 sun631@paran.com	시

이름	주소 및 연락처	분과
송순옥	742-833 경북 상주시 청리면 청하리 721-1 010-3532-1561 sso910@hanmail.net	수필
신동한	742-802 경북 상주시 함창읍 구향리 166-27 010-4530-3269 sdh326@naver.com	시
안영이	742-070 경북 상주시 남성동 황제맨션 가/1202 016-9505-5004 ihongsakula@hanmail.net	수필
오정석	742-210 경북 상주시 계산동 성신여자중학교 011-9038-7250 sukcross3416@hanmail.net	수필
육경숙	754-742 경북 상주시 무양동 동보아파트 106/302 010-3554-3912 sky3912@empal.com	동시
윤종운	742-901 경북 상주시 낙양동 145-1 낙양경희아파트 101/1509 010-2532-5232 yjw80008@hanmail.net	시
윤철순	742-754 경북 상주시 무양동 185 진주맨션 다/102 010-9869-1478	시
이미령	742-755 경북 상주시 복룡동 우방A 103/301 010-2862-1233 ryeong1233@hanmail.net	시
이미숙	742-090 경북 상주시 무양동 무양안길 17번지 리치펠리스 503호 010-6687-8182 nwt010@naver.com	수필
이승진	742-758 경북 상주시 신봉로 147 동아A 105/905 010-3456-0679 snonggu@gy06.net	시
이은정	742-080 경북 상주시 서문동 144-3 010-8592-8867 ejlee-67@hanmail.net	시
이창모	742-754 경북 상주시 무양동 동보A 102/505 018-577-2690 lcm5312@hanmail.net	동시
이창한	742-140 경북 상주시 개운동 605-12 010-5535-4411 saman01@hanmail.net	시
이칠우	730-814 경북 구미시 고아읍 원호리 대동 한누리A303/1110 010-5594-5059 chilwoo@hanmail.net	동시
임인호	742-802 경북 상주시 함창읍 구향3리 128-4 011-9762-3124	수필
임희주	742-933 경북 상주시 은척면 봉중리 010-4412-8485 heeju8485@yahoo.co.kr	동시
장원달	742-130 경북 상주시 신봉동 명지A 101/1301 010-9138-2559	시
정복태	742-080 경북 상주시 서문동 93-7 010-4815-3056 jungbok3056@naver.com	소설
조재학	742-070 경북 상주시 냉림동 178-11 016-342-5461 jaek5621@hanmail.net	시
조희옥	742-040 경북 상주시 복룡동 456-1 복부동산 010-3111-7783 bog7783@hanmail.net	시
황구하	742-906 경북 상주시 무양동 185 1차 진주맨션 가103 010-6503-3049 guha3049@hanmail.net	시
황점선	742-951 경북 상주시 낙동면 낙동리 415 010-6561-7772	수필
황화숙	742-901 경북 상주시 낙양동 6-20 상주동부곶감 011-9367-1475 hwanggoggam@hanmail.net	수필

詩가 내리는 밤에

두터운 손으로 아이들의 웃음을 시로 그리시던 박정구 님을 추모하며 특집으로 실었다. 아직 기억에서 잊히기에는 그분의 온기가 너무 따사롭다. 삼가 고인의 명복을 빈다. [김]

'철이 든다' 는 말은 '계절의 변화를 안다' 는 뜻이라고 한다. 자연과 세상의 자연스러운 변화를 받아들일 줄 알게 되는 것이고, 그 변화공식에 자신의 삶을 대입시켜 문제를 풀어가는 나이가 되었다는 뜻이기도 하다. 〈상주문학〉도 25번째의 겨울을 맞이하게 되었다. 변함없이 돌아오고 돌아가는 계절과 같이 〈상주문학〉도 그러하길……. [이]

행복은 무엇일까? 구두를 닦고 반짝이는 구두를 보며 느낄 수도, 흐트러진 방을 정리하고 느낄 수도, 시를 쓰고 나서 그 시를 다시 읽으면서 느낄 수도……. 11월에 찾아온 첫눈이 저리도록 내리던 날, 나는 밖으로 나가 파란 첫눈을 오래 닦았다. [권]

尙州文學 제25집 · 2013

발행처 · 한국문인협회상주지부
발행인 · 박정우
제작처 · 도서출판 청어

1판 1쇄 인쇄 · 2013년 12월 6일
1판 1쇄 발행 · 2013년 12월 13일

주소 · 서울 서초구 서초3동 1595-10 봉양빌딩 2층
대표전화 · 586-0477
팩시밀리 · 586-0478

홈페이지 · www.chungeobook.com
E-mail · ppi20@hanmail.net

ISBN · 978-89-97706-79-2 (03810)

이 책은 2013년도 경상북도 문예진흥기금과 상주시 사회단체 보조금을 지원 받아 출간하였습니다.